历史是最好的教科书

怎样读历史、悟智慧

何思源◎著

人民日报出版社

北京

图书在版编目（CIP）数据

历史是最好的教科书：怎样读历史、悟智慧 / 何思源著. —北京：人民日报出版社，2022.9
ISBN 978-7-5115-6257-9

Ⅰ.①历… Ⅱ.①何… Ⅲ.①中国历史—研究 Ⅳ.①K207

中国版本图书馆CIP数据核字（2019）第262959号

书　　名：历史是最好的教科书：怎样读历史、悟智慧
　　　　　LISHI SHI ZUIHAODE JIAOKESHU：ZENYANG DU LISHI、WU ZHIHUI
作　　者：何思源

出 版 人：刘华新
责任编辑：刘天一
封面设计：中尚图

出版发行：人民日报出版社
社　　址：北京金台西路2号
邮政编码：100733
发行热线：（010）65369527 65369512 65369509 65369510
邮购热线：（010）65369530
编辑热线：（010）65369844
网　　址：www.peopledailypress.com
经　　销：新华书店
印　　刷：大厂回族自治县彩虹印刷有限公司
法律顾问：北京科宇律师事务所 010-83622312

开　　本：880mm × 1230mm　1/32
字　　数：69千字
印　　张：4.5
印　　次：2023年1月第1版　2023年4月第2次印刷

书　　号：ISBN 978-7-5115-6257-9

定　　价：16.80元

导言

如果要寻一个中国文化与世界其他文化相比最为显著的特色，中国人绵长的历史记录传统和发达的历史思维一定会是热门候选项之一。

最迟从商代开始，中央政府便已设立了史官，记录过去发生的大小事件。这一制度一直延续至今，达三千余年之久，从未间断。我们今天耳熟能详的包含《史记》《汉书》在内的《二十四史》，以及《资治通鉴》等大型史书，都是这一官方修史制度所产出的不朽的文化遗产。与此同时，政治上层对历史的重视也影响到民间。随着春秋战国时期社会的大变动，"学在官府"的格局被打破，私人撰写的历史著作开始出现。被誉为"至圣先师"的孔子，汇集各类历史文献，著成《春秋》一书，记录了春秋时期二百余年的史事，成为中国历史上私人修史传统的开创者。发展至清代初期，顾炎武、黄宗羲、王夫之三位伟大学者均有史著传世，标志着中国古代私人修史步入高峰。而官方修史和私人修史交相辉映的文化传统，一直传承至今。

作为悠久而辉煌的中华文明史的承载者，这些历史作品的问世与流传，对于国人思维方式的养成有着深远的影响，成为中华民族根深蒂固的文化基因。自党的十八大以来，习近平总书记在多个场合强调要牢记历史，不忘初心，"一切向前走，都不能忘记走过的路；走得再远、走到再光辉的未来，也不能忘记走过的过去，不能忘记为什么出发。"这一思想，体现的也是当今中国领导人对中华优秀文化传统的合理继承与发扬。

那么，为什么从古至今，不同社会阶层的中国人都如此热衷于阅读历史呢？其中一个最重要的原因在于，学习历史能够致用。这也是在三千多年历史记录传统熏陶之下所形成的中国人的历史思维。如果用今天的两个热门词汇来解释这一思维的具体内容，就是历史既能让我们"不忘初心"，又能让我们"砥砺奋进"。"不忘初心"强调的是历史对现实具有指导意义，"砥砺奋进"

则是指历史对于人类创造美好未来的激励作用。"无限的过去都以现在为归宿，无限的未来都以现在为渊源。"李大钊的这句话用辩证的方法揭示了认识昨天、今天和明天的科学方法。历史虽已成陈迹，但它的力量并没有随时间逝去，而是永存于当下，并影响着未来。

从中国史学诞生之时开始，国人在理解历史事件时便已灌入了经世致用的现实关怀。《诗经》有云："殷鉴不远，在夏后之世。"描述的是商朝建国者对于夏朝灭亡的历史教训的反思。"殷鉴"一词，从此成了中国后代文人讨论历史致用时的常用语。《尚书》中记载了一批周代早期文献，其中也有执政者对前代治国经验教训的思考，如"我不可不监于有夏，亦不可不监于有殷"一句。句中的"监"即"鉴"之意。文中称夏、商两朝均因得"天命"而建立统治，又因其无德而亡国，这是周人对王朝更替历史经验的初步总结。作为中国古代历史撰述的两座高峰——《史记》和《资治通鉴》，其作者在写作过程中均饱含着史学致用的目的。司马迁称其写作《史记》宗旨在于"通古今之变"。他所关注的不仅是历史的细节，还试图从历史变迁中寻觅出可资后世借鉴的规律，即"述往事，思来者"。至于《资治通鉴》，从其书名中便可看出作者司马光著史的深远用心。他自述其旨趣为："专取关国家盛衰、系生民休戚、善可为法、恶可为戒者，为《编年》一书"，用来"鉴前世之兴衰，考当今之得失，嘉善矜恶，取是舍非"。在封建时代，该书被视为帝王的教科书。"为史者，记载徒繁，而经世之大略不著，后人欲得其得失之枢机以效法之无由也，则恶用史为？"清初大学者王夫之在阅读史书时曾发此感慨。历史学存在的目的，即在于为现实处理治乱得失问题提供启示。这是中国古代治史者的普遍共识。

然而，人类历史虽是一个巨大无比的资源宝库，但若想从其中找到解决一切现实问题的方法，则又如天方夜谭了。一方面，作为人文学科的历史学所能提供的人类社会发展的规律是有其适用条件的，是对过去历史的总结，而难以像自然科学中的定律一样准确地推演未来。古希腊哲学家亚里士多德在两千多年前便曾说过，历史只能提供一个时代的特殊的事实，而不能为现实提供真理。尤其在世界进入近代的这五百年来，人类社会的变动可以用沧海桑田来形容。我们所生活的世界，是一个日新月异的世界；我们所要解决的许多现实问题，也是前所未有的问题。"今"固然由"古"继承沿革而来，但"今"同时还有对"古"的扬弃与变异。历史永远不可能重复，历史上行之有效的方法也并非放之四海、放之今日而皆准。黑格尔曾说过一段名言："人们惯以历史上经验的教训，特别介绍给各君主、各政治家、各民族国家。但是经验和历史所昭示我们的，却是各民族和各政府没有从历史方面学到什么，也没有依据历史上演绎出来的法则行事。每个时代都有它特殊的环境，都具有一种个别的情况，使它的举动行事，不得不全由自己来考虑、自己来决定。当重大事变纷呈交迫的时候，一般的笼统的法则，毫无裨益，回忆过去的同样情形，也是徒劳无功。"① 此言虽过于绝对，但它提示我们历史经验的汲取是有限度的。我们不能为了解决当今社会的问题，将古代帝制时期曾奏效的儒家法则套用于今日；我们也不能为了提升国家的国际地位，就将古罗马帝国以至近代英帝国、"二战"后美国的霸权主义，或者将古代中国的天下体系应用到当今的国际交往行为之中。这些都是再明显不过的道理。

另一方面，历史经验的现实应用，是靠人来

---

① 黑格尔：《历史哲学》，上海书店出版社 2001 年版，第 6 页。

实现的。但后人能否全面、客观地吸收前人的历史智慧呢？"事后诸葛亮"，这是一个贬义词。但对人类而言，在认识历史时能做到"事后诸葛亮"，已实属不易。求真，这是史学的本体，也是历史学家的天职。但现代历史理论早已证明，历史研究的绝对客观性只是史学家"那高尚的梦想"。"一切历史都是当代史"，意大利史学家克罗齐如是说。史学家在复原历史的过程中，必然会受到个人所处时代的思想与问题意识的影响，进而使其理解历史的角度与历史的真实之间产生主观性偏差。"我们从我们自己的视野，以我们自己时代的观点，为我们自己的目的，以我们自己的方法来再现多面的历史。"[1] 对于普通读者而言，从受史学家主观影响的历史作品中，按个人喜好加以选择，在阅读过程中又因个人理解的角度，会产生不同的历史感悟。经过这至少三重主观性过滤而得到的历史智慧，其"成色"究竟如何呢？三国时期魏国建立者曹丕，吸取东汉因外戚宦官专权和地方割据而亡国的历史教训，限制外戚宦官，限制宗室权力，结果魏国大权被外姓大臣司马家族所篡取；西晋建立后，晋武帝司马

---

[1] 凯利：《神话历史》，陈启能、倪为国主编：《书写历史》，上海三联书店2003年版，第109页。

炎吸取曹魏教训，大封同姓王，重用外戚，却又导致了八王之乱和西晋的灭亡；北宋开国者鉴于唐中后期的藩镇之祸，集中军队于中央，削弱地方将领兵权，虽加强了中央权力，却破坏了国家应有的健全的军事制度，导致军队战斗力减弱，难以抵御北方民族的进攻。可见，历史上的许多统治者，未尝不重视历史经验的汲取，但他们所自认为把握住的历史规律，是有巨大局限性的。有学者指出，中国历史上，越到后来的朝代，受前朝经验教训影响越大，防范心理越来越严重，政治格局越来越狭小，遂致在维护一家一姓之特权的制度设计上越发严密，权力也越集中于皇帝一身。这种对历史经验的汲取，是非常片面与自私的，是一种非理性的"粗陋的历史经验主义"。①

对于历史经验的误解与误用，在人类历史上实在太普遍了。这可以归咎于在某一历史阶段人类理性和智慧的不足。然而更加难以理喻的是人类的健忘，是人类对于历史经验的蔑视。唐代文人杜牧在其千古名篇——《阿房宫赋》中，对于王朝兴衰有这样的慨叹："秦人不暇自哀，而后人

---

① 李山：《中国文化史》，北京师范大学出版社2007年版，第284~285页。

哀之；后人哀之而不鉴之，亦使后人而复哀后人也。"失民心者失天下，秦朝皇帝因不爱惜民力而身死族灭这样深刻的历史教训，并没有让后世的统治者完全警觉。杜牧在写下这句话时，不知其脑海中是否曾浮现过汉武帝的穷兵黩武、东汉桓灵二帝的昏庸无道、隋炀帝的横征暴敛等古代帝王的形象，不知他是否又想到他所处时代那深刻的统治危机呢？中国古代王朝先盛后衰的历史周期率，并未因秦朝中道崩折的历史教训而改变，更不会因诗人的感慨而改变。黄巢、方腊、刘福通、李自成、洪秀全……后世的起义者一遍又一遍地为这些忘记历史的王朝敲响丧钟。像这样忽视历史经验的例子，古今中外比比皆是。因此，法国思想家伏尔泰曾悲叹，历史是"集人类的罪恶、愚蠢与不幸之大成"。马克思亦说，历史事件的重演，"第一次是作为悲剧出现，第二次是作为笑剧出现"。人们一面不断声称能从历史中找出现实的镜鉴，一面在现实实践中又常常愚蠢地忽视历史的智慧，真可让古之先哲、今之识者同声一叹！

历史的现实致用性确有其限度，一面归因于新事物的不断产生，一面受限于人类自身的理性与记忆。但这并不是完全否定了解历史、学习历史的意义。今人生活在历史的延长线上，通过由人类所有经验归纳得出的历史规律来认识并塑造今天的世界。那么，站在前人的肩膀上，我们今天如何认识历史对现代社会的价值呢？

首先，历史可以强化国人对国家、民族和文化的认同感。

自中国进入近代以来，随着中西思想的会通，史学致用不再仅仅在于为执政者提供经验教训这一方面，还增加了激发全民族自尊心、爱国情怀的重要内容。梁启超考察西方民族国家建立的过程，意识到历史对于建构国家意识、推动社会文明的重要性："史学者，学问之最博大而最切要者也，国民之明镜也，爱国心之源泉也。今日欧洲民族主义所以发达，列国所以日进文明，史学之功居其半焉。"面对救亡图存的历史任务，史学家试图通过撰写史著启发民智、唤起国民。例如，在抗战时期，钱穆在大后方资料匮乏的不利条件下写成《国史大纲》，用中华五千年光荣历史激发全民族的爱国热忱："欲其国民对国家有深厚之爱情，必先使其国民对国家已往历史有深厚的认识。"吴玉章、范文澜等马克思主义史学家在这一时期撰写史著，讴歌中国历史上抗击外族入侵的民族英雄，其用意也在鼓励国人坚持抗战，抵制投降逆流。时至今日，爱国主义精神的塑造、中华民族多元一体观念的培育，仍是进行历史教育不可或缺的内容。近年来中央提出要坚定道路自信、理论自信、制度自信和文化自信的"四个自信"意识，其自信力的源泉也要从自古至今的中国历史中寻找。

其次，历史能为个人提供榜样的力量。

历史上的榜样人物及其万古流芳的事迹，能够以其人格力量感染后世的读史者，使今人能在精神上获得强大的动力。李大钊先生曾经说过："吾人浏览史乘，读到英雄豪杰为国家为民族舍身效命以为牺牲的地方，亦能认识出来这一班所谓英雄所谓豪杰的人物，并非有与常人有何殊异，只是他们感觉到这社会的要求敏锐些，想要满足这社会的要求的情绪热烈些，所以挺身而起为社会献身，在历史上留下可歌可哭的悲剧、壮剧。我们后世读史者不觉对之感奋兴起，自然而然的发生一种敬仰心，引起'有为者亦若是'的情绪，愿为社会先驱的决心亦于是乎油然而起了。"历史也证明了，后世的历史人物，往往能从感悟国运之沧桑巨变、国士之百折不挠中，汲取其建功立业的精神力量。

英国学者爱德华·卡尔在其名著《历史是什

么?》中，说过一句名言："历史是现在与过去之间永无休止的对话。"对于历史事件的认识，受到客观和主观因素的影响，不可能做到人人一致。但历史对于现实的作用和影响，是人们都应该承认的。习近平总书记说过："历史是最好的教科书，也是最好的清醒剂。"在党的二十大报告中，习近平总书记再一次号召全党同志"坚定历史自信，增强历史主动"，我们要认真学习党史、新中国史、改革开放史、社会主义发展史、中华民族发展史，"谱写新时代中国特色社会主义更加绚丽的华章"。希望读者能在读这本书时悟到一点智慧。

这本小书，是笔者近些年来读书、教书的一些历史方面的体悟。出于本书的定位，行文中未将所用史料和论著一一注明，在此一并向各位前辈学者致谢!

目 录

第一章　变中求生：体制改革的启示

作为中国改革开放的总设计师，邓小平对于当代的改革曾指出："改革是社会主义制度的自我完善。"也就是说，改革是在不根本改变现有制度原则下，所进行的社会制度的自我完善与发展。但如果我们回望中国历史，许多被命名为"变法""新政"的体制改革运动，不是要维持旧制度的继续存在，而是要开创一种全新的制度，进而实现社会性质的根本转变。这样的"改革"，不啻为一场非暴力的"革命"。

综合上述的看法，对于中国历史上的改革，我们可以将其分为两类：一类是在体制外求变，是对旧体制的突破；一类是在体制内求变，强调的是对旧体制的调整与修补。前一类改革的代表，如春秋战国时期，中国社会性质从奴隶制向封建制转型的过程中，各诸侯国所采取的改革。最成功的案例是战国中期秦孝公任用商鞅所实施的变法，即商鞅变法。清末的戊戌维新、新中国成立初期的"三大改造"等，均应归入此类。后一类改革，主要包括在二千多年封建王朝体系中，对于封建专制体制的缝缝补补。这类改革，包括在王朝建立初年，统治阶层吸取前朝覆亡教训所进行的政策调整，如西汉、唐朝；还包括在王朝中晚期，面对因现有体制导致的愈加严重的社会问题，统治阶层为挽救王朝命运所主动采取的改革，如北宋王安石变法、清代洋务运动等。另外，民国时期国民党政府有限度的社会改革，以及中国共产党领导下的改革开放，也都属于这种体制内求变的改革运动。对于世界其他国家的改革，我们也可以按照上述原则进行归类。

以上讨论，也许能帮助我们更为清晰地认识人类历史上各种各样的改革运动。但无论改革属于何种类型，统治者进行体制改革的基本目的都是唯一的。《周易》中有一句名言"穷则变，变则通，通则久"，长久以来一直被中国历代改革者所引用，将其视为改革合理性的来源。将其转换成现代语言，改革的目的即解放被旧的生产关系所束缚的生产力，缓和社会矛盾，延续本阶级的统治，使国家摆脱困境、重现生机。考诸史迹，远如中国战国时期秦国的商鞅变法、赵武灵王胡服骑射，近如"二战"前美国的罗斯福新政，以及中国在 1978 年开启的改革开放，均较为有效地解决了当时当地的社会问题，为国家带来了安定与富强。然而，人类历史上的改革并不都是好的结局。有的改革非但没有解决已有的问题，反而导致国家陷入更深的泥潭。无论是对于国家还是对于改革者自身，改革都是一次高风险的赌博，其失败的概率要远高于成功的可能。这是因为，改革要取得成功，必须同时满足若干个必要条件；其中任何一个环节出现问题，都会导致改革功亏一篑。套用俄国文豪列夫·托尔斯泰描述家庭的一句名言：成功的改革往往相似，失败的改革个个不同。

那么，成功的改革需要哪些必要条件呢？对商鞅变法的具体考察，也许能帮助我们寻找到答案。

商鞅变法在中华五千年文明史中，占据着至关重要的地位。"秦王扫六合，虎视何雄哉。"秦国能最终统一六国，商鞅所创制度功莫大焉。清末维新志士谭嗣同说中国"二千年之政，秦政也"，毛泽东亦曾说过"百代多行秦政法"。深刻影响中国封建制度的"秦政"，其雏形也是源自商鞅的擘画。那么，商鞅的变法为何能够大获成功？以下几方面因素缺一不可。

第一，因应时势，选择正确的改革思想。

孙中山有一句名言："天下大势，浩浩荡荡，顺之者昌，逆之者亡。"战国时期的中国，发生着剧烈而深远的变动。当时的"天下大势"，是为提高国力、应对大规模的兼并战争，各诸侯国纷纷放弃奠基于西周初年、以宗法制和井田制为根本的政治与经济制度，转而采取以君主专制、中央集权、官僚政治和土地私有为基本特征的封建社会体制。这一趋势反映在思想界，诸子百家之中主张"刑名之学"的法家迅速崛起。其中的代表人物李悝、吴起分别在魏国和楚国主导了战国早期的第一轮改革。

商鞅出生于中原小国——卫国的没落贵族家庭，目睹了兼并战争中弱国的悲惨境遇，以及魏、楚等变法之国革故鼎新、国富民强的具体事例，从而少时便"好刑名之学"，潜心研究法家治国之术。公元前361年，秦孝公即位。为进一步提升秦国实力，秦孝公颁布求贤令，征求"能出奇计强秦者"。当时在魏国不受重用的商鞅得知这一消息后，立即动身赴秦。在秦孝公的支持下，商鞅分别在公元前356年和公元前350年两次主持变法，使秦国从一个僻居西北的落后国家迅速发展为令东方六国侧目的"虎狼之国"。

商鞅将李悝、吴起等法家改革家的改革措施移植到秦国，并因地制宜地加以发展。他的变法措施，核心在经济、政治和军事三方面。经济上，进一步废除井田制，保护土地私有，并以免除徭役为激励措施，奖励农民耕织劳作，从而促进了秦国农业经济的发展，为政府带来了更多的财政收入。政治上，推广县制，取消分封，制定法律，统一度量衡，初步建立起了中央集权的政治制度。军事上，制定了二十等军功爵制，取消无军功贵族的政治特权，从此秦国无论贵族、平民，均以战场上立功之大小平等地授予爵位与赏赐。商鞅主政秦国近二十年，为秦国带来了一套完整的、带有明显封建社会特征的体制。不断发展的农业经济、完备高效的官僚政治、勇于作战的军队将士，成为战国时秦国后来居上的强大动力。

对于商鞅变法的内容，从今天的价值观来看，的确有法律过于严苛、钳制商业发展等缺点。古代论者如西汉儒生贾谊也批评"商君违礼义，弃伦理"，认为其改革是文明的倒退。但站在战国时的社会背景下，商鞅的改革无疑是顺应了历史潮流的：土地公有转变为土地私有，提升了社会生产力；贵族政治转变为官僚政治，有助于权力的集中和行政的高效；世袭爵位转变为军功授爵，推动了秦国军队战斗力的提升。这些方面的进步又进而加速了秦国的统一步伐。统一六国后，秦始皇所采取的一系列巩固国家统一的政策，如整理户籍、推广县制和官吏考评制度、统一度量衡等，也都是商鞅变法内容的延续，并被后世王朝所继承，对于中华文明的兴盛与延续有着深远的影响。

商鞅的改革顺应时代需要，获得了巨大的成功。而历史上有的改革，却并没有抓住时代主题。这样的改革，轻则阻碍国家发展，重则越改越乱，引发更加严重的社会问题。

申不害在韩国的改革，与商鞅变法处于同一时期，但他的改革并没有从根本上扭转韩国贫弱的处境。申不害虽然也是战国时期法家的代表人物，其改革的目的也是建立一个中央集权的封建国家，但他改革的途径与商鞅不同。用后世法家的集大成者——韩非的定义，法家内部分为"法""术""势"三派。商鞅属于法家中的"法"派，强调通过厉行法治来管理臣民，将权力集中于君王之手。申不害虽也强调法制建设，但更加重视"术"，鼓吹君主要利用阴谋权术统御臣下。他主张君主要时时对臣下持怀疑戒备之心，不可暴露自己的真实意图，从而使臣下无从揣测君主的心意，也无从隐瞒自身的缺点，以达到树立威严、乾纲独断的目的。这种治国思想，很容易让人联想到意大利学者马基雅维利在《君主论》一书中的若干观点。它虽能在短时间内使国家大权掌握于君主一人之手，但过高地依赖于君主自身的政治素养；一旦弱主即位，这种没有制度保障的权力也会很容易流失。申不害的改革，没有建立一套完善的中央集权体制，因此并不具有可持续性。韩国虽在一时避免了臣子夺权局面的出现，却错过了体制改革的黄金时期，国势越发低落，最终灭于因商鞅变法而富强起来的秦国之手。

因错误的改革思想致使改革失败的历史事件，还可举王莽改制为例。公元 8 年，王莽代汉自立，建立新朝。为解决西汉末年遗留下来的严重的社会矛盾，王莽称帝伊始，便开启了改革的步伐。《汉书》中记载了王莽下令改革的诏书，其中写道："故富者犬马余菽粟，骄而为邪；贫者不厌糟糠，穷而为奸。俱陷于辜，刑用不错。"大体意思是富人家的畜生都有吃不完的粮食，骄横无比；而穷人只能以糟糠为食，甚而为生存走上犯罪道路。可见，对于西汉末年因土地兼并而导致的贫富悬殊问题，王莽是有明确认识的。但他所选择的改革路径却是南辕北辙。王莽从他熟悉的儒家经典中找到了解决问题的方法：恢复经书中记载的、被美化为黄金时代的周代所实施的土地制度——井田制，以此来解决土地分配不均的问题。他宣布将全国土地归为国有，不得买卖；然后将土地按照家中男丁的数量定额分配。这样的改革设计如果能实现，无疑会一劳永逸地解决土地兼并这一封建社会的痼疾。然而王莽制定政策时，仅仅依照书本上的教条，并没有考虑历史大势和社会现实。自春秋战国时期起，土地私有便已成为历史大势所趋。前述商鞅变法，一个重要的改革措施正是废除公田。数百年间，土地私有观念早已深入人心，想在一夕之间仅靠一纸诏令全盘推翻，简直是痴人说梦。这项改革，不但受到地方豪强大族的抵制，广大小地主和自耕农也纷纷反对。改革不但没有解决已有的贫富差距问题，反而激起了更大的社会动荡。成立仅仅17年后，新朝便因王莽不切时势的改制所引发的动乱而垮台。

第二，改革集团内部的同心协力。

改革既然是对现有体制的修复和完善，就势必会牵涉到既得利益的重新分配问题。因此，历史上的改革运动，总是在同利益受损集团的斗争中进行下去的。如果改革集团内部不能上下一心、互相配合，就很容易被改革的反对者各个击破、分化瓦解，改革也就会半途而废。对于一个专制国家而言，改革能否贯彻执行，离不开最高统治者将改革进行到底的决心。商鞅的成功，离不开秦孝公的鼎力支持。

商鞅刚到秦国时，为试探秦孝公的施政倾向，在头两次会面时，向他大谈当时流行的"帝道""王道"两套治国方略，均不被孝公所喜。了解到秦孝公的心理后，商鞅在后两次会面时深入介绍了法家所主张的"霸道"，果然深合孝公心意，"语数日不厌"。商鞅向孝公的近臣说："吾说君以帝王之道比三代，而君曰：'久远，吾不能待。且贤君者，各及其身显名天下，安能悒悒待数十百年以成帝王乎？'故吾以强国之术说君，君大悦之耳。"即位时年仅二十一岁的秦孝公，胸怀大志，亟欲实现秦国国力的迅速增强，因此不愿采纳见效缓慢的"帝王之道"，而对法家的"强国之术"一见倾心。

秦孝公虽折服于商鞅的法家学说，但要改变过去数百年的传统，他在内心深处仍有深深的担忧，担忧天下诸国的议论，担忧本国贵族的反对。公元前 359 年，在朝堂之上，改革派和保守派进行了一次针锋相对的辩论。秦国两位大臣甘龙、杜挚坚持"法古无过，循礼无邪"，认为现有制度沿袭已久，"吏习而民安"，一旦改变，必会导致国家大乱。商鞅强烈批判这种以古为尊的看法，主张历史是进化的，"治世不一道，便国不法古"，凡是不利于国家富强的政策，即使是祖先圣人所定，也要坚决废除。"论至德者不和于俗，成大功者不谋于众。"他鼓励秦孝公抓住时机，迅速实施变法，不要因旁人的议论而态度游移。商鞅的议论帮助秦孝公下定了变法的决心。经过三年时间准备，公元前356年，孝公任命商鞅为左庶长，战国时期最为成功的一次改革运动就此拉开了序幕。

从公元前356年到公元前338年，秦孝公在其在位的后十八年里，一直保持对商鞅的充分信任，坚决支持变法政策的向下推行。我们前面说到商鞅变法使秦国国力飞速提升，但在变法之初、成效尚未凸显时，这场从上层贵族到下层平民的全方位改革，势必会招致众人的猜疑和敌视。据《史记》记载："令行于民期年，秦民之国都言初令之不便者以千数。"各地百姓纷纷进京，控诉新法给他们带来的不便，可见民怨之大。然而孝公并未因此废弃新法。甚至在其太子犯法时，孝公也支持商鞅按照新法予以惩治。后虽因太子的地位，只惩罚了太子的两位老师，但这一事件对保守势力造成了很大打击，促进了变法的继续施行。在变法开始十年后，其成效果然彰显了出来："行之十年，秦民大悦，道不拾遗，山无盗贼，家给人足。民勇于公战，怯于私斗，乡邑大治。"

据《战国策》记载，秦孝公在病危时，想要将王位传与商鞅，但被其拒绝了。如果这段历史是真的，那真可媲美白帝城刘备向诸葛亮托孤这一千古美谈了。秦孝公、商鞅君臣相得，互相信任，共同推动了变法的成功。

然而，作为一场自上而下的改革，如果只有政治上层的推动，而没有下层官吏的有效执行，商鞅变法就不可能深入下去，更不会获得丰厚的回报。这些底层公务人员对于变法的贡献，长久以来一直被古代史书所忽视。但在今天看来，他们的的确确是商鞅变法的幕后功臣。

在秦始皇陵出土的兵马俑中，有这样一类人俑：他们身形文弱，未着甲胄，双手揣袖，腰系刀石，很明显是文官形象。这反映的正是在商鞅变法后兴起的"文法吏"这一基层公务员群体。

前面说过，建立官僚体制，这是战国时期各国变法的一个普遍的目标。官僚政治的一个显著特征，就是利用法规、文书、档案，对社会进行标准化、数字化管理。为处理越发复杂的政府管理中诸如兵刑钱谷、考课铨选等专业化的行政事务，过去以培养"君子"为目的的"礼、乐、射、御、书、数"（"六艺"）这种博而不精又耗时绵长的教学体系已不再适用；取而代之的是以法律、文书、会计为核心的课程，以培养精通行政事务的"文法吏"为目的的新教学体系。

商鞅变法时代的秦国，是文法吏群体形成的关键期，为其提供了有力的制度保障。首先，商鞅所制定的军功爵制，规定士兵立功之后，除封爵、赏赐外，还能获得在军队或政府中担任官吏的资格。《商君书》中有这样的描述："能得甲首一者，赏爵一级，益田一顷，益宅九亩。级除庶子一人，乃得入兵官之吏。"这就为国家官吏的选拔提供了一条稳定的途径。战场上立下战功的军人，进行相应的行政知识培训之后，就可以在国家官僚机构中获得一职位。军人——文法吏两种职位的联通，一方面显示了秦国对骁勇善战者的奖励，对久战沙场、身负创伤者的体恤；另一方面，军人所需具备的服从、严谨、奉献等品格，也正是干好文吏工作所必需的。其次，商鞅在全国普遍推行县制，共设四十一个县，每县设县令、县丞、县尉及小吏等职位。从此，完整的地方行政机构建立了起来。国家依照统一的铨选原则，对各级官员进行考核，并根据其表现予以黜陟。因此，地方官吏也必须严格按照国家规定的方针统一施政，不得私自改变。这些新法的推行，提供了更多的行政岗位，也提升了文法吏的行政能力。

文法吏集团的形成，对商鞅变法在全国范围内推行至关重要。假如没有文法吏辛勤而严谨的工作，犯罪者得不到惩罚，耕作者得不到奖励，户籍无法查明，赋税无法征收，兵员无法补充，迁都、统一度量衡、改革风俗等一切改革措施都将难以执行。秦孝公去世后，商鞅虽遭新的君主诛杀，但变法的措施并没有废止。其中一个重要原因是，在变法中成长起来的文法吏集团已初具规模，即使守旧者也无法将其全部革除了。从近几十年在湖北睡虎地、湖南里耶等地出土的秦简来看，商鞅变法后秦国在行政和法制建设方面持续发展，达到了高度成熟的程度。战国后期荀子在秦国游历时，也观察到秦国吏治之发达。他说："及都邑官府，其百吏肃然，莫不恭俭敦敬，忠信而不楛，古之吏也。……故曰：佚而治，约而详，不烦而功，治之至也，秦类之矣！"可以说，无论是从获取变法成效，还是从保护变法果实的角度来看，文法吏集团都是功不可没的。

商鞅变法虽同中国历史上许多著名的改革运动一样，在变法过程中遭遇守旧派的严重挑战，但由于改革集团上下一心，遂使改革顺利渡过难关，得以进展下去。有的改革却没有如此幸运。例如，北宋的王安石变法、清末的洋务运动，其改革无法取得成功皆有改革集团自身的问题。宋神宗对变法态度游移不定，抵不住保守派的攻击，两次将王安石罢相；王安石依仗的变法官员，又多是投机贪腐的宵小之徒，对改革的声誉破坏极大。慈禧太后对洋务运动领导者心怀戒备，在洋务派和保守派之间玩弄平衡之权术，并借机将洋务运动在中央的核心人物——奕䜣革职，使洋务运动难以深入进行；而在兴办洋务的过程中，下级官员借机中饱私囊，又对国家资源造成严重浪费。可见，改革能否成功，改革集团内部的团结与配合是极端重要的。没有这一必要条件，改革即使不在反对者的攻击中失败，也将因内部改革力量的丧失而自败。

第三，采取循序渐进的改革策略。

改革需要统治者雷厉风行，不然就无法对庞大的守旧势力予以致命打击。但改革也必须讲策略，根据新旧力量的对比采取适宜的改革政策。

试图有所作为的统治者，感触于国家所面临的危急局面，往往容易以一种急于求成的心态推进改革，希望全盘、迅速地改变陈腐的体制。其心态可嘉，但这种改革的方式不足取。尤其在改革之初、保守势力庞大时，过激的改革会触动多方面的利益，从而招来四面八方的攻击，很容易导致改革的流产。清末戊戌变法正是如此。在变法的短短一百零三天里，光绪帝一连发布了上百道变法政令，涉及政治、经济、军事、文化各方面，尤其是官制改革一项，让大量守旧官员心惊胆战。终于在这些守旧官员的推动下，慈禧太后发动政变，戊戌变法被扼杀了。还在变法期间，后来的"戊戌六君子"之一——康广仁便指出，其兄康有为所推动的这场改革"规模太广，志气太锐，包揽太多，同志太孤，举行太大"，导致"排者、忌者、挤者、谤者盈衢塞巷"。一味追求改革速度，反而逼出了吞噬改革的恶魔。

相较之下，商鞅变法的推动则平稳得多。秦孝公之前，秦国已开始进行由奴隶制向封建制转型的改革。例如，在公元前408年，颁布了"初税禾"的新税制，打破了公田与私田的界限，开始向地主所占有的私田收税，来增加国家的财政收入。秦孝公之父献公在位时（前384—前362），面对着东方魏国的强大威胁，开始进行全面改革。在即位之初，献公便宣布迁都，以摆脱权贵势力的掣肘。接着，宣布"止从死"，废除野蛮的人殉制度；整理户籍，将农民按照五家为一"伍"、十家为一"什"的编制，编入国家户籍，以便于征兵和收税；"初行为市"，政府开始颁布政策、制度，推动市场的发展；扩大县制，新设四个县，加强中央集权。秦献公的改革，令进入战国时代后一直动荡不安的国内局势初步得以稳定，其中的若干条改革措施也成了商鞅变法的预演。

商鞅变法之前虽已有这样的基础，但秦献公的改革，其深度和广度是无法同商鞅变法相提并论的。对改革者而言，发动这场改革仍需谨慎行事。上文所述公元前359年商鞅与守旧官员甘龙、杜挚的辩论，一方面是改革派的公开宣言，另一方面也是对反对派力量的评估。在这场辩论之后的三年里，改革派没有贸然启动变法，而是一直在进行改革的准备。经过精心酝酿，公元前356年，秦孝公任命商鞅为左庶长，实行第一次变法。变法后，秦国国力日强，在对外战争中也屡屡获胜。公元前352年，商鞅因功升任大良造，这是相当于相国兼将军的官职。

在取得了更高的国内威望和权势之后，商鞅

于公元前 350 年顺势推动了第二轮改革。改革如逆水行舟，不进则退。第一轮改革虽已从推行军功爵制等方面对守旧贵族势力造成重大打击，但其力量仍然强大；新一轮改革如果不能对其进一步予以打击，那么一旦国内政局动荡，旧势力将很有可能卷土重来，推翻改革的一切成果。对比这两次改革的措施，可以看出商鞅的确在深化改革上煞费苦心。

首先，商鞅效仿秦献公迁都之举，说服孝公迁都到咸阳，以远离旧贵族势力强大的旧都。其次，明确宣布废除井田制。第一次变法中有奖励耕种、奖励垦荒的政策，即鼓励农民占有更多私田。经此改革，私田面积愈多，公田则相对减少，以法律的形式正式承认土地私有、废除奴隶主贵族的井田制的条件也就逐渐成熟了。再次，在全国范围推行县制。献公时仅在个别地方设县，而商鞅则将县设到全国各地。从此，由中央政府任命的官僚开始取代贵族开始在地方掌握权力。县制的推行，使中央牢牢把握住全国大部分的耕地和农民，也就是掌握了财源和兵源，从而压缩了旧贵族在地方的活动空间。再次，改革税法，向贵族征收更多赋税。战国时的贵族有豢养食客的风气，著名的战国四公子，其家中食客人数皆有千人之众。秦国的贵族也有此习俗，这是对君主专制的潜在威胁。为此，商鞅宣布，"以其食口之数，赋而重使之"，按照食客数量征收人口税，并加重其承担的徭役任务。这样使得贵族无力豢养食客。而那些"辟淫游惰之民无所于食"，就不得不离开秦国或亲身从事生产，这对秦国社会的稳定和财富的增多都有积极作用。最后，下令禁止父子兄弟同室而居。第一次变法时商鞅宣布"民有二男以上不分异者，倍其赋"。这是从提高税负的经济角度激励耕种、抑制宗族势力。而第二次变法则直接出台法令，以法律形式严令禁止聚族而居。该举措无论是对扩大政府税源，还是对增强政府对地方的控制都有正面意义。

相较第一轮改革，商鞅所主持的第二轮改革明显深化了许多。这些举措进一步打击了守旧的奴隶主贵族势力，大大推动了秦国向封建专制政体转型的进程。整个变法过程中，守旧势力始终没有对变法产生重大挑战，这与秦孝公和商鞅采取的循序渐进的改革策略是有密切关系的。尽管在秦孝公死后，商鞅即遭新任君主处死，但变法时确立的新法并未因此而废止，可见改革势力在此时已经成长了起来，改革所带来的发展成果也已被多数人所认可。秦国的封建制度已经不可逆转地确立了下来。

　　然而值得注意的是，执政者不能借口改革需要循序渐进，就忽视社会上对改革的呼声，更不能故意拖延改革。一旦控制不当，民众因改革诉求得不到回应而生出的怨气越积越多，就会使激烈的社会革命取代改革，推翻政府取代改良政府，成为民间新的主流政治诉求。在清末新政过程中，大量的民间人士认识到国家要求得富强，仅靠枝节上的改革不足以奏效，发展的最大障碍在于专制皇权体制对生产力的严重束缚。于是，他们在全国各地发起声势浩大的上书请愿活动，向清政府呼吁速定宪法、速开国会、速行宪政。在民间立宪派的压力之下，清政府终于在 1908 年宣布九年预备立宪期限；待九年后立宪准备完成，即行宪政。然而，上层统治者在筹备立宪过程中，却并无真心实意的表现，反而加紧了揽权的过程。这让立宪派大失所望。1910 年，他们重启请愿运动，要求在一年内召开国会，以国会监督政府，加快宪政步伐。对此，清政府的态度是冷酷的，不但以民智未开这样荒唐的理由拒绝了请愿要求，甚至将部分请愿代表关押、流放。国会请愿运动失败了，但立宪派也借此看清了清廷立宪的虚伪。1911 年武昌起义爆发后，他们抛弃了清政府，毅然加入革命的阵营之中，为推翻清朝统治而奋斗。正如法国学者托克维尔在其名著《旧制度与大革命》中所说："对于一个坏政府来说，最危险的时刻通常就是它开始改革的时刻。"改革一旦开始，就没有回头箭。

第四，变法的内容与秦地风俗相适宜。

地方文化、风土人情这样一些看似虚无缥缈的因素，却能在潜移默化之中深刻影响上至一个国家、一个民族，下至每个个人的发展道路。这一论断在近百年里不断被历史和民俗学者所证实。商鞅变法之所以能大获成功，与其措施同秦国地方文化的互相适宜是分不开的。

秦人始祖起源于东方，西周时被封为诸侯，封地在古雍州，即今天的甘肃、陕西一带。受当地戎狄等少数民族的影响，秦地游牧狩猎风气浓厚，不尚耕种。由这样一种生产方式造成了秦人与中原诸国迥然不同的民风，即尚武、彪悍之风。古谚称"山东出相，山西出将"，即指在崤山、华山以西的秦国故地居民浓郁的尚武精神。

由于偏处西陲，对于中原地区盛行的礼乐教化、人文精神，秦国一直接受较少。例如，在春秋时期，时人便感叹秦国宫殿之雄伟："使鬼为之，则劳神矣；使人为之，亦苦民矣。"再参考唯秦国实行时间最长的人殉风俗，可见秦国政府对人民的驱使和压迫，一直都是极为酷烈的，鲜有所谓"德治""仁政"的政治观念。对于周代政治制度的核心——嫡长子继承制、封邦建国制，秦国也未严格实施。因此其国内贵族集团的力量，与关外诸国相比偏于弱小。

秦国这种重武力而轻文礼的社会风气，虽长期被东方诸国所鄙视，目为夷狄之邦，但对于崇尚以"霸道"治国的商鞅而言，却是实现其法家政治思想的一片极佳的天地。还在商鞅变法之前，吴起便曾这样描述秦国风俗："秦性强，其地险，其政严，其赏罚信，其人不让，皆有斗心。"商鞅所施行的以"法治"和"农战"为核心的变法，与这种秦国文化可谓绝配。商鞅用军功爵制为尚武的秦人提供了一条向上层社会移动的便捷通道。受此政策激励，秦国士卒在战场上将其勇悍善斗之风发挥到极致，令列国为之胆战，称其为虎狼之师。荀子曾观察商鞅变法之后的秦国军队，称："秦人，其生民也狭厄，其使民也酷烈。劫之以势，隐之以厄，忸之以庆赏，鳝之以刑罚，使民所以要利于上者，非斗无由也。"其意为，秦国政府以严刑峻法逼迫、剥削秦人，使其除了战场上杀敌立功外，别无求取功名利禄的途径。这一做法，始自商鞅。另外，秦人质朴与服从的性格、秦国奴隶主贵族自身力量的相对弱小，也为商鞅顺利推行其新法提供了有力保障。可以这样说，商鞅与秦国互相成就了其不朽之功业。

随着历史的推演向后观看，秦统一之后推行秦制的失败，也反向证明了改革与风俗相宜的必要性。今天有学者指出，无论是从制度、思想学术、语言文字还是从宗教意识等文化的各方面，秦国都与东方六国不同，且表现出强烈的对抗性。秦以武力灭亡六国后，在建立新的国家体制时，并没有考虑到秦地风俗与东方风俗之不同，适用于秦地的法家治国之术，并不能与东方尚文尚礼的文化相配合。当秦始皇试图将秦国政治制度推广到全国时，遭遇到比商鞅变法时所遇到的更为强大的阻力。睡虎地秦简中有这样一段文字，记录了秦国法律应用于新征服的楚国土地时所遭遇的困难："今法律令已具矣，而吏民莫用，乡俗淫泆之民不止，是即废主之明法也。"南橘北枳，水土异也。而秦始皇偏要将起源于中国西部的体制原原本本地移植到东部。这使得原就将秦视为蛮夷禽兽的东部士民更加难以接受其统治。于是，天下一统后，秦始皇虽试图以高压压制东部，东部反秦的情绪却始终没有消失。张良在博浪沙的行刺，儒生对秦制的讥讽，都表明秦所试图实现的文化与制度的一统远未能达到。当陈胜、吴广在大泽乡起义后，原六国士民纷纷响应。各地的儒生纷纷投奔起义军阵营，孔子的后代孔甲甚至还在陈胜起义军中担任博士一职。由此可见，陈胜所说"天下苦秦久矣"并非虚言。商鞅法家式的体制改革在秦国能够成功，而在推广到东方六国时却遭到了惨痛的失败，由是可见与当地社会风俗的适应与否，对于改革能否成功具有极大的相关性。

以上四方面，都是改革能获得最终成功所不可缺少的条件。这些条件，我们可以用中国古代哲学中的一个概念来概括——"用"。而改革成功之"体"，即改革成功的根本动力，更在于其政策能否真正提升大多数人民的改革获得感。商鞅变法中对农民土地所有权的保护、用爵位封赏对普通士兵的激励，均用实际的行动为秦国的平民阶层带来了相当丰厚的奖励，也让百姓真心支持变法。改革中虽然也颁布了禁商令、连坐法等损害百姓利益的政策，但总体而言并未对平民利益造成根本性伤害。当然，秦国变法的根本目的，着眼于增强国力以吞并天下，而不是为人民谋福祉；在统治者看来，泱泱"黔首"只是其强国的工具罢了。即便如此，用鲁迅先生的话讲，在这"暂时坐稳了奴隶的时代"，人民的生活还是要比"想做奴隶而不得的时代"要强一些吧。

在中国古代，人民要求改革的呼声经常淹没于专制政府的高压政策中；在忍无可忍之下，虽也会采取以暴抗暴的起义，但在大多数情况下仍会选择沉默与忍受。然而在中国历史走入近代以后，随着西方政治观念的传入，个人之于国家的关系，发生了从臣民向公民的巨大转换。人人都有权为自己的利益发声，人人都有权思考国家的前途命运。公民权利意识的高涨，使得执政者再也无法忽视民间要求改革的呼声。君不见，晚清的满蒙权贵忽视中间阶层速开国会的诉求，拒绝保护国有铁路的请求，其结果是武昌首义一声枪响，外表强大的帝国众叛亲离、土崩瓦解。君不见，民国国民党政府对乡村农民的土地诉求置若罔闻，对知识分子民主自由的呼声视而不见，终使这两个群体投入中国共产党的领导之下，共同推翻了国民党的统治。毛泽东有一句名言："人民，只有人民，才是创造世界历史的动力。"执政者永远不能忽视人民的改革呼声，这是执政之本，也是社会进步、国家富强的不竭动力。

第二章　固本清源：历代反腐的逻辑

　　著名历史学家吴晗先生在其《论贪污》一文中说："一部二十四史充满了贪污的故事。"事实上，不仅中国历史如此，放眼世界历史亦然。自人类社会出现政府开始，贪污腐败现象便如影随形地出现，像癌症一样吸附在国家体制上，难以根除，时刻准备给予政权致命打击。自党的十八大以来，中央高举反腐大旗，尤其强调健全反腐败体制建设，以法治思维与法治方式彻底根除腐败。在中国历史上，贪腐现象虽未曾根除，但历代政府都曾在反腐制度建设上做出尝试，并试图通过不同层面、不同角度的措施对贪腐行为围追堵截，以期达到标本兼治的目的。这些举措及其成效，值得后人审问、慎思、明辨。

　　明太祖、雍正帝的铁腕肃贪，包拯、海瑞的铁面无私，对这些帝王将相人物事迹的代代传颂，反映出中国民间对于官场贪污腐败的痛恨、对于清正廉明的社会生态的期盼。然而，真实的历史告诉我们，仅凭这些"明君贤相"，想要彻底铲除腐败绝无可能。无论包拯、海瑞两位"青天"如何断案如神、刚正不阿，也不可能参倒同时代的一切贪官污吏；无论朱元璋和胤禛惩治贪腐的手段何等酷烈，总有官吏敢于"迎难而上"，可谓"野火烧不尽，春风吹又生"。"把权力关进制度的笼子"，通过建立健全的制度来预防和治理腐败现象，这种消除贪腐的思路，不是今天才有的，中国古代君相有着类似的考虑。那么，他们具体是怎样做的呢？我们可以从检举腐败的监察制度、惩治腐败的法律体系、反腐倡廉的文化氛围三个角度进行考察。

随着春秋战国时期官僚政治的逐步确立，对官员业绩予以考评和监察成为政府行政管理的重要课题。尤其在法家思想指导下进行改革的诸侯国内，各国纷纷尝试建立起有效的制度，监督官员的行政行为，从而实现"选练举贤，任官使能"的目的。例如，年终考核的"上计"制度、监督官员的"御史"制度，均在此时设立。而官员在职位上能否做到廉洁奉公，自然是考核的要素之一。秦统一之后，将春秋战国时期已具雏形的监察制度正式确立下来。在中央设御史大夫，与丞相、太尉并列三公，其主要职责为对百官进行监察、纠劾，并辅佐丞相处理行政事宜。为强化监察之责，在其下设御史中丞，领导下属御史若干人，具体负责监察百官的工作。在地方各郡县同样设置监察官职，对地方官员进行监督，有事可随时向中央奏报。这样构成了从中央到地方一套较为完整的监察体系。

汉承秦制，西汉建立后，在秦代监察机制基础上继续推进，使其更加完善。随着国家行政事务的日益繁忙，监察职责逐渐从御史大夫的职能中剥离出来。中央设御史台这一专门的监察机构，由御史中丞总负其责。中央的监察权自此独立运行。同时，新设司隶校尉，下设属官，作为御史台的补充，专门负责京畿一带皇族与百官的纠察，权力极大。东汉光武帝时，担任御史中丞、司隶校尉与尚书令三职的官员，在朝会时均有专席而坐的特权，被称为"三独坐"。可见监察部门地位之高。在地方监察上，西汉武帝时创立了刺史制度。将全国划分为十三个州，由中央派出监察官（刺史），专门负责某一州的监察事务。刺史归中央御史台统辖，但有向皇帝直接奏报的权力。汉武帝为此颁发"六条问事"，设定刺史纠察重点为："一条，强宗豪右田宅逾制，以强凌弱，以众暴寡；二条，二千石不奉诏书，遵承典制，背公向私，旁诏守利，侵渔百姓，聚敛为奸；三条，二千石不恤疑狱，风厉杀人，怒则任刑，喜则任赏，烦扰刻暴，剥截黎元，为百姓所疾，山崩石裂，妖祥讹言；四条，二千石选署不平，苟阿所爱，蔽贤宠顽；五条，二千石子弟恃怙荣势，请托所监；六条，二千石违公下比，阿附豪强，通行货赂，割损正令。"汉代郡守每年薪俸为二千石，故常以"二千石"指代地方郡守一级的官员。可见，六条中的五条，皆直指地方行政大员的贪腐行为，可见刺史之职对地方官场的强大震慑力。另外，在地方设督邮、廷掾等职，分别负责县、乡基层官吏的监察工作；同时，郡守、县令同样有督察下属官吏之责。汉代还设有谏议大夫若干人，跟随在皇帝左右，专门负责诤谏皇帝的不当言行。汉代的监察机构，上至皇帝本人、皇亲国戚、朝廷大员，下至乡里基层的小吏，均在其纠察范围之内；而御史台、司隶校尉、刺史三套系统互相独立，均有向皇帝奏报的权力，以达到分权制衡、张大耳目的效果。中国古代的监察制度，在汉代已臻成熟。

汉代以后，历代政府在汉代形成的监察制度基础上，对其进行调整与强化，表现出不同的侧重。例如，唐代发展了汉代的谏议大夫制度，其中最著名的代表——魏征向唐太宗直言进谏成为千古美谈。而在明代，皇帝依靠锦衣卫、东厂、西厂等特务机构监视皇族及百官。总的来说，古代监察制度向着细密化、多维化不断发展，试图更有效地将既存的腐败行为揪出，将可能的腐败行为扼杀在萌芽阶段。

在通过制度建设预防、纠察腐败的同时，历代统治者也逐步建立起一套惩治腐败的法律体系，以震慑腐败分子。《尚书》中记载了远古时代"五帝"之一的虞舜以廉正清明的政治态度告诫臣下的语句，如"夙夜惟寅，直哉惟清""克勤于邦，克俭于家"等。这样的为政警句，也常见于后世帝王的"宝训""圣训"等语录之中。这些话虽有告诫、劝勉的意图，但作为法制建设，其效力是很弱的。中国法治史上第一次出现对于贪腐行为的明确的治理规定，应在距今约三千年的西周穆王时期。在当时制定的法律——《吕刑》中，列举了作为政府官员的法官在审案时可能犯下的五项罪行"惟官，惟反，惟内，惟货，惟来"，即因为同为官员、报恩、亲属关系、受贿、他人请求，而对犯罪者给以赦免处罚的法官要与罪犯同罪论处。

战国时期的秦国，在商鞅变法后颁布的一系列法律条文中，专门制定了官吏犯法的惩处措施。湖北睡虎地出土的战国晚期秦国竹简中，记载了对于贪污、失职的官员，处以谇（责罚、警告）、赀（罚出盾甲、罚徭戍等）、偿（赔偿）、鞭笞、徒刑等惩罚。[①]例如，据秦律规定，官仓大门关不紧实，谷物能从中漏出的，处罚一甲；仓内有鼠洞的，三个以上罚一盾，两个以下应申斥；将官府的钱私自借用，与盗窃同罪；官员不处理工作，而专干坏事，处以流放，等等。但与平民犯法处罪相比较，秦律中对犯法官吏的惩罚要轻得多。另外，官吏还不会因同伍之人有罪而连坐，更有机会因为爵位或通过行贿而减免刑罚。秦统一后上下官僚普遍的贪腐奢靡行为，同这种内松外紧的秦律特征脱不了干系。而对官吏贪腐行为的放纵，也成了引燃秦末农民起义熊熊烈火的导火索之一。

有鉴于秦二世而亡的历史教训，西汉建立之初，便加强了对贪腐官吏的惩处力度。据湖北江陵张家山出土的汉简记载："盗赃值过六百六十钱，黥为城旦；令吏盗，当刑者刑，无得以爵减

---

① 杨宽：《战国史》，上海古籍出版社 2003 年版，第233 页。

免赎。"意思是一旦官吏盗取国家财物或收受他人贿赂之数额在六百六十钱以上，将判处面部刺字并罚以筑城等劳役；由于当时有官员可凭爵位减免刑罚的规定，皇帝特别下令，监守自盗的官吏不可凭爵位赎免其处罚。此外，汉律中还规定，对于涉案金额较少的盗赃犯罪，要处以比受贿金额高得多的罚金；涉案金额巨大者，处以死刑。因贪赃获罪的人终生不得再做吏，且有可能会被收为官奴。对比秦律，汉代律法中对贪腐行为的处罚要严厉得多。

汉代以后建立起来的历代王朝，在其执政之初，大多会经历一段"治乱世用重典"的时期，尤其在政治风气上激浊扬清，严厉打击贪腐官员。三国蜀汉偏处一隅，而能立国四十余年，这与诸葛亮以法治国是分不开的。在他的主持下，朝廷颁布了新的法典，对官吏行为进行约束；他还制定了"八务、七戒、六恐、五惧，皆有条章，以训励臣子"，使官吏知何可为，何不可为，始终保持谨慎的为官作风。在法律施行过程中，诸葛亮坚持赏罚要严明，一视同仁。他在《前出师表》中进言："宫中府中，俱为一体；陟罚臧否，不宜异同。若有作奸犯科及为忠善者，宜付有司论其刑赏，以昭陛下平明之理。不宜偏私，使内外异法也。"在诸葛亮的治理下，蜀国吏治清正廉洁，社会风气较之东汉末年有了明显改观。

中国古代治贪法律最严的时期，当数明太祖洪武年间。底层出身的朱元璋，对于元朝末年吏治腐败所导致的民间疾苦感触极深。在其建政之初，便下了以严刑峻法肃清腐败的决心。洪武七年，《大明律》颁布。其中对于官员贪腐规定之严格、处罚之严厉，均超过了前朝。例如，《刑律》中规定了受赃的十一种类型，包括"官吏受财""坐赃致罪""事后受财""有事以财请求"等。其中"官吏受财"一类，又根据"有禄人""无禄人""枉法""不枉法"的情形不同，施以不同的处罚。如"有禄人""枉法"者，受贿一贯以下，杖七十，至八十贯，则处以绞刑；"无禄人""枉法"者，受贿一百二十贯，处以绞刑。对于这样的惩治力度，朱元璋仍觉不够，又将重大贪腐案件编成《大诰》四编，以警示下属。《大诰》四编中所记载的对贪官污吏的量刑程度，比《大明律》还要严厉得多，如加入了族诛、凌迟、剁指、断手等三十余种《大明律》中未设的刑罚。据清代学者赵翼考察，当时还有一种"剥皮实草"之刑："赃至六十两以上者，枭首示众，仍剥皮实草。府州县卫之左，特立一庙，以祀土地，为剥皮之场，名曰皮场庙。官府公座旁，各悬一剥皮实草之袋，使之触目惊心。"明初以严刑峻法治贪，确实扭转了元末贪腐的政治风气。据海瑞称，当时"数十年民得安生乐业，千载一时之盛也"。

监察制度的完备、以法肃贪的严厉，能让官吏产生"不能贪""不敢贪"的畏惧心理。但这些措施只是通过扎紧篱笆的方式，对贪腐行为进行被动防治。政治生态的真正涤清，还要引导全社会形成清廉公正的社会风气，促使官员达到"不想贪"的思想境界。

德国学者雅斯贝尔斯曾提出过一个著名的概念——"轴心时代"，意指世界各文明体在公元前某个特定的时段，均发生了奠定该文明基本特征的突破性进展。对于中国文明而言，文明的奠基期即为从西周到春秋战国时期的这八百年。周代商之后，西周统治者鉴于殷商灭亡的历史教训，舍弃了商文化中贪腐奢靡、重物质享受的不良风气，制礼作乐，以修文教。周人尚"文"，其含义深广，反映在政治文化上，强调的是"敬天保民"，顺应天意，对百姓施以仁政。《尚书·康诰》中记载，周文王时"克明德慎罚，不敢侮鳏寡，庸庸、祗祗、威威、显民"。所谓"庸庸、祗祗、威威、显民"，反映了周初的政治风气，告诫君王尊重并任用德才兼备的人才，对那些不施仁政的残民之官要予以惩罚，以此来获得百姓的信赖与拥护。周朝统治阶层以"修文德"、做"君子"为目标，不但要在外在上衣饰得体、举止典雅，更要在内在上有丰厚的知识储备和优良的道德涵养。对于后者，被后世的儒家发展成为"仁、义、礼、智、信、温、良、恭、俭、让"等道德信条。这种提倡文德的社会风气，对于政治中的贪腐行为是一种道德上的约束。

到了法家思想盛行的战国时期，对于政治贪腐的认识上升到了一个新的高度。法家思想的信奉者不仅在制度和法律两方面设计防治贪官污吏的方法，还在思想上对贪腐行为进行深度分析，为政府打击贪腐的举措提供理论支持。韩非认为，追求个人利益的最大化，是人性所不可避免的；而国君与臣子所追求的利益是不同的：国君追求利于国家社稷的公利，而臣子追求利于己身家族的私利。因此，仅靠儒家理论的道德准则约束官员的政治行为是不现实的，必须以健全的制度与法律加以约束。在《韩非子·五蠹》一篇中，韩非集中论述了这一观点。他并不否认世间存在"贤良贞信"的"不欺之士"，但当前社会并不具备人人都讲诚信、不行欺诈之事的条件。"布衣相与交，无富厚以相利，无威势以相惧也，故求不欺之士。今人主处制人之势，有一国之厚，重赏严诛，得操其柄，以修明术之所烛，虽有田常、子罕之臣，不敢欺也，奚待于不欺之士？今贞信之士不盈于十，而境内之官以百数，必任贞信之士，则人不足官。人不足官，则治者寡而乱者众矣。故明主之道，一法而不求智，固术而不慕信，故法不败，而群官无奸诈矣。"韩非的逻辑是，既无厚利又无权势的平民交往，可以期待其诚信不欺；但对于君主而言，因其掌握一国的财富与权力，若不严明法纪，势必会受追逐私利的官吏的觊觎与侵夺。即便存在正直、有诚信的官员，但他们人数太少，无法撑起整个国家的运行；既然一国政府中势必要任用一些无德之人，那么君主只能通过加强惩治贪污的制度与法律建设这条途径，来避免贪官污吏对君主利益的损害。

秦以后的中国历代王朝，均试图从上述儒家和法家两种思想中寻找反腐倡廉的文化资源。"外儒内法"，这是中国封建时代国家治理的总体模式，也深刻影响到中国古代廉政文化的建设。

一方面，表彰清官廉吏，促使官员自律、自省、自查。汉代重视表彰循吏，其选官制度——

察举制中最重要的一科名为"孝廉"，即在基层选拔孝子廉吏予以升迁。当时许多官员也因廉政、爱民而升职，例如历史上著名的循吏黄霸便因此在汉武帝、汉昭帝、汉宣帝三朝不断升迁，官至丞相。又如西魏掌权者宇文泰执政时，采用苏绰的建议，重视培养官场上廉平、俭约的风气，并对"躬履俭素，爱民如子"的清官如裴侠等人予以褒奖。除了上述这样对当代廉吏的直接奖励外，朝廷还提倡对前代清官清廉精神的宣传。例如，在官修纪传体史书中，往往可见《循吏列传》《良吏列传》，褒奖古人，激励今人。又如对讲述诸葛亮、包拯等名臣事迹的小说、戏曲的支持，也是对当时廉政风气的一种培植方式。

另一方面，在基层普及法律知识，加强民众对官员的监督。底层百姓受贪腐行为的伤害最深，对贪官污吏也最为痛恨。像汉武帝、明太祖等皇帝便利用群众这一心理，发动群众检举贪官，将廉政文化深入乡里。例如，朱元璋将其制定的《大诰》广为普及，要求每户必备一本，并熟读之。在《大诰三编》中规定，明代百姓有权将贪官污吏"绑缚赴京治罪"，"敢有阻挡者，其家族诛"。据史书记载，确有百姓将不法官员绑至京城治罪，也有官吏因阻碍百姓告官而被处刑。充分发挥群众的监督作用，对于一时政治风气的改观的确能够起到立竿见影的效果。

以上文字先后从监察制度、以法治贪和廉政文化三个维度，简单回顾了中国古代统治者在整治贪腐行为上的努力。今天的政治学者研究国内外反腐经验，总结出"监督是关键，法律是保证，文化是基础"的反贪公式。从这也可以看出，中国古代反贪的思路无疑是正确的。然而，正如朱元璋晚年所感慨的："我欲除贪赃官吏，奈何朝杀而暮犯？"为何贪官污吏仍然大行其道，甚至在号称反腐败决心最大、下手最狠的洪武、雍正两朝，贪腐现象依旧存在，并在其后再次燎原呢？

一个直接的原因在于，最高统治者反腐政策和决心的前后不一，对于贪污现象的姑息迁就。唐太宗在其执政之初，常以隋朝短命而亡为教训，不断打击官吏的贪腐行为。为惩治腐败，他除了对大臣予以良言告诫、对贪污者给以法律制裁之外，还试图从源头上将腐败现象根除。他所采取的是教育的方式：一方面广设教育机构，吸纳皇族、官僚和平民入学，学习为官之道；另一方面频繁地开科取士，将学校中德才兼备的人才纳入政府当中。唐高宗即位之初，延续了太宗若干反腐措施。但在武则天掌握大权之后，吏治渐趋崩坏。唐玄宗即位后，恢复并强化了唐初的监察与司法体系，政治风气得到改善。然而在其统治后期，不再锐意进取，朝政由李林甫、杨国忠两名贪腐分子把持。底下官员亦上行下效。贪腐之病再次复发，并一发而不可收，与藩镇、宦官两问题一并成为唐中期以后帝国难以治愈的痼疾。可见，最高统治者肃贪的决心一旦放松，官员就会官官相护，形成难以动摇的特权阶层。

清军入关后，几位皇帝对于反贪的力度，也是时紧时弛，随着不同时段统治重心的变动而变。入关之初，无论是摄政王多尔衮还是后来亲政的顺治帝，均下大力气惩治贪腐。晚明最后几十年，摊派"三饷"，横征暴敛，百姓饱受贪官污吏敲骨吸髓剥削之苦。清政府惩处贪官的深意，在于宣示一个新政权革故鼎新之貌，争取百姓的支持。康熙即位后，一面宣扬道德教化，以培育廉政风气；一面广开言路，利用言官发现官员贪腐行迹，并依律论罪。然而在其统治晚期，为减少统治集团内部矛盾，康熙开始重德治而轻法治，放松了对贪官污吏的惩治力度。吏治因此松弛，腐败横行，导致民怨沸腾、国库紧张。社会矛盾的加剧，迫使雍正帝在即位之后，便开始从整顿国库亏空入手，向贪腐集团发起进攻。对于私吞公帑导致亏空的官员，雍正严惩不贷，除了将犯罪的官员论罪外，还查封其家产，以偿还侵占的钱粮；无法偿还的，判其亲属或子孙继续赔补。《红楼梦》作者曹雪芹的叔父曹頫就是因亏空案而被定罪、抄家，其家族因此衰败。然而雍正知道，比反贪更重要的是防腐，并且他还需要官员支持其施政。为此，他推行了耗羡归公和养廉银制度。清朝官员薪俸极低，不足以维持其日常开销。为此，地方官员在征收税银时，常借口碎银熔铸产生损耗，而向百姓多征税款，称为"火耗"。有些贪官将火耗定得远高于正常损耗，以便于其中饱私囊。雍正即位后，为根治这一腐败现象，宣布由国家规定"耗羡"数额，各地按同一标准征收，全部上缴国库。然后再将这些耗羡银两，以养廉银的方式发放给各级官员，从而改革清初的低俸制度。雍正朝的反腐防腐措施，被乾隆所继承并予以加强。乾隆一朝可称得上清代惩贪制度最严厉也是最有建树的时期。这期间惩处的地方督抚贪污案件，便达到二十九件，比顺治、康熙、雍正三朝总和还要高出一倍。[①] 然而这么多的贪官污吏，也反过来证明了当时清帝国

---

① 王春瑜主编：《中国反贪史》，四川人民出版社2000年版，第1004页。

内部贪腐风气的炽烈。造成这一现象的原因很多，但乾隆晚年沉醉于"十全老人"之功，放松了对吏治的要求，对和绅等贪官宠信包庇，是其中重要一条。尽管他自己在晚年意识到"各督抚中洁己自爱者不过十之二三，而防闲不峻者亦恐不一而足"这样严重的贪腐问题，但已无锐意肃贪的心气了。

即使在锐意肃贪的时期，我们也不能对其肃贪成效估计过高。在皇帝大权独揽的"人治"社会，虽然也设置了官员奖惩黜陟的相关制度，但皇帝一人之好恶仍在根本上决定着官员的政治生涯与身家性命。雍正帝说得很直白："朕说你好，你才好。"对于臣僚而言，对皇帝的绝对忠诚，永远是其政治品格中排第一位的。至于判定官员是否廉洁、是否要处理贪腐官员，则由君主的政治需要而定。明世宗、熹宗对严嵩、魏忠贤，清乾隆帝对和绅这些巨贪的包庇纵容，均说明了这一道理。

皇帝一人的性格、好恶、政治能力，从根本上决定了中国古代反贪的成效。而比皇帝放松对贪腐的整治更加可怕的，是皇帝本人带头腐化，及由此带来官僚集团的上行下效。无论监察制度和法律体系建设得如何完善，它们所针对的都只是大臣，对于皇帝并无约束力。尽管历史上也曾发生过"强项令"董宣直谏东汉光武帝、魏征直谏唐太宗这样的美谈，但其之所以称为"美谈"，也正是因为这样的事太稀少了。中国封建社会历史上的常态，是掌握国家绝对权力的统治集团穷奢极欲，从而导致吏治的全面崩坏。秦始皇统一六国后，纵情享乐，大兴土木，征天下之民夫，为其修建阿房宫、骊山陵。丞相李斯亦大讲排场，"百官长皆前为寿，门庭车骑以千数"。奢靡之风一旦开启，便一溃千里。秦二世、赵高的贪腐变本加厉，底层官吏也趁机受贿勒索，从而致使了秦短命而亡的悲剧。西晋武帝贪财好利，带动了门阀大族的攀比、斗富风气。历史上著名的石崇、王恺斗富一事便发生在此时。元朝皇帝保留了较多游牧社会的习惯，掠夺和挥霍习气严重。他们用苛税大肆敛财，广建宫殿，大赏群臣。手下的权贵也借为皇帝"理财"之名中饱私囊，大发横财。元末有人认为"坏天下国家者，吏人之罪也"。尽管元代底层官吏确实因监管空缺、道德水平低而多行敲诈勒索之事，但若无皇帝和权贵集团的"榜样"作用，其吏治也不可能如此腐败。清末慈禧太后为了一己私欲，玩弄权术，摒弃有为之士，亲近贪蠹之徒。在其掌权的半个世纪里，王朝政治非但没有受西学的影响，走上资本主义民主、分权制衡的道路，反而将数千年"人治"社会积累下的糟粕发挥到了极致，形成了一个空前庞大的权贵集团。1894年，慈禧太后不顾甲午战争的危局，继续调拨大批经费修建颐和园，并毫无愧色地接受各地官员为其六十大寿献上的巨额贿款。在她的扶植之下，毫无治国才干、只知贪污与享乐的庆亲王奕劻当上了帝国"二把手"的高位。整个晚清官场，由上到下，贪腐横行，政以贿成。权贵集团在其中拼命地捞钱捞权，使本已摇摇欲坠的清王朝更加丧失人心。"釜水已沸，而游鱼不知。"武昌起义一声枪响，外强中干的清王朝迅即轰然倒塌。

唐太宗说："为主贪，必丧其国；为臣贪，必亡其身。"明太祖说："当元之际，君宴安于上，臣跋扈于下，国用不经，征敛日促，水旱灾荒，频年不绝，天怒人怨，盗贼蜂起……向使元君克畏天命，不自逸豫，其臣各尽乃职，罔敢骄横，天下豪杰曷得乘隙而起？"在古代中国，君主的勤政、寡欲、以身作则，是吏治清明的必要条件。这一道理，像李世民、朱元璋这样的贤君早有认识，可惜能将它作为准则恪守终生的皇帝在中国历史上并不多见。正如英国的阿克顿勋爵所言：

"权力导致腐败，绝对的权力导致绝对的腐败。"中国古代的腐败行为层出不穷的根本原因，还要归于君主专制政体的根本特征——皇权的至高无上、缺乏制约这一点上来。《左传》中说："国家之败，由官邪也。"其实并不尽然。对一个专制国家而言，"君邪"所带来的危害远比"官邪"要大。

在中华五千年文明史上，出现了无数次因"主奢臣贪"而导致政权更迭的悲喜剧。"眼看他起朱楼，眼看他宴宾客，眼看他楼塌了。"这样的历史周期率难道就无法终结吗？方法当然是有的。正如1945年毛泽东在和黄炎培的"窑洞对"中所指出的："我们已经找到新路，我们能跳出这周期率。这条新路，就是民主。只有让人民来监督政府，政府才不敢松懈。只有人人起来负责，才不会人亡政息。"这条寻求以民主的方式解决腐败问题的道路，漫长而艰辛。

历史的车轮进入19世纪之后，随着西方政治思想的传入，国人逐渐了解到，他们所深恶痛绝而又无可奈何的政治腐败，可以通过分权的方法解决。最初是由来华传教士向国人介绍西方的分权制衡制度。在英人麦都思（Walter Henry Medhurst）编写的《地理便童略传》中，称英国政治权力由国君及两大会（"世代公侯之会""百姓间凡乡绅世家大族之会"）三分，"致君难残虐其民，诸侯不能行霸，百姓不能作乱也"。又有传教士写文章介绍英国司法制度："至于臬宪（相当于今天的监察部门），其俸禄甚厚，不敢收陋规，人视之如见肝肺，真可谓十目所视，十手所指。"又有介绍美国总统受选民监督："所说之话，所办之事，十耳所听，十手所指，难逃民之鉴矣。由是观之，其民摄总政，且操权焉。"

以上这些观点，迅速激起中国先进知识分子的思考与回应。作为对晚清官场腐败有切身体悟者，他们自然而然地对这种有异于传统的反腐之法发出赞赏的声音。在《海国图志》一书中，魏源称赞美国"议事听讼，选官举贤，皆自下始，众可可之，众否否之，众好好之，众恶恶之，三占从二，舍独徇同。即在下预议之人，亦先由公举。可不谓周乎"；称赞瑞士"惩硕鼠之贪残，而泥封告绝；主伯亚旅，自成卧治"，采陪审团制度审判贪官污吏，使王侯不能干预。同时代的徐继畬著《瀛寰志略》、梁廷楠著《海国四说》，向更多国人普及了资本主义民主制度。洋务运动时期，郑观应、王韬、汤寿潜、陈炽等早期改良派，开始发出开议院、行君主立宪的声音。他们所常用的一个论据是，这有助于国内贪腐程度的降低。如郑观应说："有议院而昏暴之君无所施其虐，跋扈之臣无所擅其权，大小官司无所卸其责，草野小民无所积其怨，故断不至数代而亡，一朝而灭也。"王韬严厉批判君主专制带来的腐败："自以为朝廷之命官，尔曹当奉令承教，一或不遵，即可置之死地，尔其奈我何？唯知耗民财，殚民力，敲骨吸髓，无所不至。囊橐既饱，飞而飏去，其能实心为民者无有也。"只有实行君主立宪制，"无论政治大小，悉经议院妥酌"，才能在内政上"无苛虐残酷之为"。

经过半个多世纪民主思想在中国的传播和发展，终于在甲午战争期间形成了两支真正能够撼动庞大而腐朽的旧体制的力量——以康有为、梁启超为代表的维新派和以孙中山为首的革命派。两派虽在政治立场上有很大不同，但有一点是相通的，即中国之病因在于民主的缺失。维新派给予君主专制制度以强烈的批判，进一步论证民权兴则国家强这一命题。然而当他们在1898年获得在政治上施展拳脚的机会后，却发现其政治体制改革的理想受到既得利益集团的强力抵制，难有进展。就连退而求其次的裁撤冗署冗官也被抵制，并成了慈禧太后发动政变的诱因。戊戌变法失败后，清政府虽在山穷水尽之时于1901年主动宣布改革，并得到了立宪派的配合，但其仿行立宪过程中满洲权贵贪腐、揽权的不堪表现，耗尽了王朝最后一丝的威信。

回看革命派一边，孙中山一边揭露清政府的专制腐朽，一边发展其民权思想。他在《伦敦蒙难记》一书中写道："官场一语等于法律，上下相蒙相结，有利则各饱其私囊，有害则各委其责任。婪索之风已成习惯，官以财得，政以贿成。"为解决这一千载难题，必须在政治体制上进行彻底改革。孙中山提出建立民主共和国的方案。他将自己的革命主张概括为三民主义，对于其中民权主义在未来的实施方案做了以下规划：采取"五权分立"的组织方式，将国家权力划分为行政权、立法权、裁判权、考选权和纠察权，实行权力制衡的同时，避免西方"三权分立"带来的政治问题。然而在辛亥革命后，民国的形式虽已建立起来，但主导中国社会几千年的专制思想却不能在一夕之间涤除。孙中山实行民权的政治理想，不断被各路军阀、政客所打击。尤其到了国民党政府统治时期，孙中山的革命党在此时退化为一个专制、腐败的政党。其政府虽有"五权分立"的外衣，但其核心是"一个政党、一个主义、一个领袖"的蒋介石一人独裁。权力集中于一人，带来了与中国古代专制社会类似的裙带腐败：孔祥熙、宋子文家族的腐败与蒋介石的纵容。高层的贪腐同样带来了上行下效。抗战期间军队内吃空饷、收取购买军火回扣，大发国难财；抗战后劫收日伪物资、投机倒把。自上而下的体制性贪腐彻底揭穿了民主制度徒有其表的实质。国民党的倒台，与其漠视人民惩治贪官污吏的要求有直接的关系。

自成立初期，中国共产党就高度重视反腐倡廉建设。1926年中共中央发布《中央扩大会议通告——坚决清洗贪污腐化分子》，对于"在经济问题上发生吞款、揩油的情弊"、对于"不服从党的命令而自由猎官猎高位的人"予以警告以至开除出党。在土地革命时期的根据地政权建设中，中国共产党开始从监察制度、法制建设和廉政文化三个方向，构建"三位一体"的反腐倡廉常态机制。例如，在监察制度方面，成立中央党务委员会，在各省县设立监察委员会，制定财会制度、群众监督制度等；在法制建设方面，颁布《关于惩治贪污浪费行为》的训令，公开审判谢步升、唐仁达等贪腐干部等；在廉政文化方面，以古田会议精神教育全党全军，开展以廉洁自律为中心的作风改造运动，并通过学校、培训班等方式提升党员干部的思想觉悟等。以上机制，在抗日战争时期、解放战争时期不断完善。延安时期毛泽东写下《整顿党的作风》《为人民服务》，刘少奇写下《论共产党员的修养》等反腐倡廉的经典文章，以此为思想宗旨展开了整风运动和大生产运动。陕甘宁边区先后颁布了《陕甘宁边区政府惩治贪污暂行条例》《陕甘宁边区政纪总则草案》和《陕甘宁边区政务人员公约》等旨在反贪的法律法规。解放战争时期在军队里重新颁布了《三大纪律八项注意》，开展新式整军运动。在1949年3月召开的党的七届二中全会上，毛泽东在报告中浓墨重彩地突出了今后党的思想作风建设的重要性，提出防止"糖衣炮弹"进攻的重大问题，要求全党务必保持谦虚谨慎不骄不躁的作风、务必保持艰苦奋斗的作风。由于建党以来，尤其在土地革命以来在根据地建设中反腐倡廉机制良好的运转效果，这些措施成了1949年之后新政权建立正式、常态化反腐倡廉机制的历史依据和体制基础。

经过新中国成立七十多年来，尤其是改革开放四十多年来的不懈努力，中国特色反腐倡廉机制业已走向成熟。在其发展、完善的过程中，党和政府依据新时代的需要，在理论和实践两方面不断自我创新的同时，也能合理地借鉴别国经验，加强国际交流与合作。但中国反腐的根本目的和力量之源，即"一切为了群众，一切依靠群众"，与新中国成立前相比并没有改变。这七十多年的反腐历程，始终在回应着毛泽东在新中国成立前"跳出历史周期率"和"决不做李自成"的思考，通过持续推动民主建设，以法律的方式维护公民民主权利、扩大公民政治参与、推进人民群众对党和政府的民主监督，以此来不断强化党和人民群众的血肉联系，不断巩固立党为公、执政为民的理想信念。十八大以来，中央大力进行反腐倡廉建设。在党的群众路线实践活动、中央巡视组巡视等核心机制中，我们不难看出新时期的反腐败斗争，中国共产党仍然坚持强调人民群众的参与和支持是其根本保障和力量来源。世上没有尽善尽美的反腐败机制，中国共产党的反腐败斗争也将"永远在路上"。回顾历史，展望未来，为了将权力置于阳光下、关进笼子中，尊重和依赖人民的力量是不可或缺的。

第三章　家国天下：知识分子的责任

一般认为，西方世界中"知识分子"概念开始兴起，源于19世纪末法国德雷福斯事件。1894年，犹太裔法国军官德雷福斯因莫须有的间谍罪被判刑。其后，真正的间谍虽被查出，但在法国政府和军方的反犹主义偏见和维护国家"声誉"的借口下，被判无罪释放。这一颠倒黑白的判决立刻在一批有知识、有正义感的人士中引发了轩然大波。1898年1月13日，在判决结果公布后的第三天，法国著名作家左拉在报纸上发表长文《我控诉》，点名批判那些蓄意制造德雷福斯冤案的军官。左拉的文章在法国社会中迅速引起了强烈反响，大量受过高等教育的学者、教师、作家、记者、律师、医生和在校的大学生纷纷签名支持左拉的主张，要求重审德雷福斯一案。这样一个群体，被当时的媒体概括为"知识分子"。从此之后，受过良好教育并能合理运用其知识为公共利益而发声成了评判知识分子的两条基本标准。"知识分子"这一概念，也在此后迅速传播到世界各地。

与许多现代概念一样，作为舶来品的"知识分子""知识阶级"等词，在其传入中国后很快便引起了强烈的社会反响。时至今日，很多受教育者都对知识分子这一身份表示认同。然而实际上，在中国古代，有一个与现代西方知识分子相类似的概念，这就是"士大夫"。这一群体在古代中国承担着与现代知识分子近似的社会任务：传播文化、关怀社会、服务国家。

士大夫的诞生，是在周代这一中国传统文化定型的时期。"士"字最初的含义为成年男子。到了西周时期，制定了一套成熟的礼乐、宗法制度，在周天子之下，设有公、卿、大夫、士的等级。于是，"士"在此时逐渐成了贵族官员的总称。作为官员，他们承担着国家各项行政事务，辅佐君主管理国家；作为贵族，他们从小接受贵族化教育，掌握并传播贵族文化和知识。贵族对其子弟的培养是不遗余力的。学校里传授的知识，既有德行的教养，又有政务能力的培训。近代被称为"有学问的革命家"章太炎先生说："周之故言，仕、学为一训。《说文》：'仕，学也。'何

者？礼不下庶人，非宦于大夫，无所师。"西周
士大夫群体垄断了政治事务和贵族文化，初步成
长为一个集政治功能和文化功能于一身的阶层。

春秋战国之际，"礼崩乐坏"，封建秩序解体，
贵族与平民两个阶层的上下流动渐成常态。士大
夫已不能继续垄断政治与文化权力。"礼失求诸
野"，学问流散到民间，为平民子弟接触并学习
贵族知识进而封官晋爵提供了可能。本身即为没
落贵族、自称"少也贱，故多能鄙事"的孔子，
依靠其掌握的诗书礼乐知识，开学校，收门徒，
遂成中国古代私学之始。他秉持"有教无类"的
教育主张，座下弟子三千人，其中出身贫寒者占
多数。像颜回、曾点这两位孔子最喜欢的学生，
入门时都属于社会的平民阶层。战国时期百家争
鸣，由贵族和平民转变身份共同组成的士大夫群
体日益扩大，逐渐形成了范文澜先生所说的四大
类别：学士、策士（纵横家）、方士或术士以及食
客。由儒、墨、道、法等各家组成的学士群体，
因其更加成熟的理论体系和私学组织，在战国后
期成了士大夫中的主流。他们一方面发展并传承
自家学说，是文化知识的掌握者；另一方面试图
以其学说影响政治，塑造一个符合其理念的新社
会。儒家的"民贵君轻"、墨家的"兼爱""非

攻"、道家的"无为而治"、法家的"法""术""势"等政治主张，均深刻影响到战国时的政治态势。

秦代"以吏为师""以法为教"，专用文吏官僚治理国家，以文化专制政策压制百家学说，并制造了"焚书坑儒"这一极端事件。西汉成立以后，吸取秦政的教训，排斥苛吏，重新将士大夫群体纳入统治集团中来。《史记》中记载了时人对秦政的反思："秦以任刀笔之吏，吏争以亟疾苛察相高，然其敝徒文具耳，无恻隐之实。以故不闻其过，陵迟而至于二世，天下土崩。"说出了秦代只靠官僚治国，唯重效率而对民间疾苦无恻隐之心的弊病。西汉统治者接受士大夫群体的建议，施行"与民休息"的治国术。汉高祖时，儒生陆贾写作《新语》，总结历代兴衰教训，规劝皇帝采行轻徭薄赋、休养生息的国策。汉惠帝时曹参任相国，依靠黄老道家政治思想治国，"萧规曹随"，无为而治，对于"言文刻深，欲务声名"的官吏"辄斥去之"。

经过汉初几十年的休养生息之后，汉朝国力大增，为雄才大略的汉武帝提供了施展抱负的雄厚资本。汉武帝对汉初政策改弦更张，以"有为"取代"无为"。一方面，他采纳大儒董仲舒的建议，罢黜百家，尊崇儒术，将儒学定为官学，成为国家主流意识形态。官员选拔、学校教育，均以儒家"五经"内容为主。越来越多的儒生以其礼治、教化、仁义等方面的知识被政府选拔为官。另一方面，为顺利推行其扩张政策，武帝任用了一批在财政、司法等领域有专长的能吏，以增加财政收入、维护社会稳定。但在政策实施过程中，也对平民阶层的利益造成了相当大的损害。以上两种政策看似互相矛盾，但均是为实现汉武帝大一统的抱负而服务的。当时有臣子批评武帝"内多欲而外施仁义"，但不得不说，武帝的政策让儒生和文吏各取其长，各司其职。后人将其政策总结为"外儒内法"。

然而，由于儒生和文吏在知识结构和政治理想上的根本不同，这两个群体在汉代的互相攻讦屡见不鲜。许多文吏因其为政过于严酷峻急而被儒生攻击。司马迁著《史记》，为"酷吏"群体列传，抨击其苛政对百姓的伤害。西汉《盐铁论》书中也称："今之所谓良吏者，文察则以祸其民，强力则以厉其下，不本法之所由生，而专己之残心，文诛假法，以陷不辜，累无罪，以子及父，以弟及兄，一人有罪，州里惊骇，十家奔亡。"由汉武帝重用酷吏导致的社会矛盾已非常严重了。然而，随着国家统治的不断深入、兵刑钱谷等政务的不断细化，如果全然排斥具有专业行政知识与训练的文吏，势必会造成国家治理的混乱。东汉初年，学者王充在其《论衡》一书中，对于儒生和文吏在治国中的作用有非常精当的分析。他说："夫文吏能破坚理烦，不能守身，身则亦不能辅将。儒生不习于职，长于匡救，将相倾侧，谏难不惧。案世间能建塞塞之节，成三谏之议，令将检身自敕，不敢邪曲者，率多儒生。阿意苟取容幸，将欲放失，低默不言者，率多文吏。文吏以事胜，以忠负；儒生以节优，以职劣。二者长短，各有所宜，世之将相，各有所取。取儒生者，必轨德立化者也；取文吏者，必优事理乱者也。"意思是说，文吏虽能处埋繁杂事务，但其品格往往低劣，对上级阿谀逢迎；儒生则能直言进谏，纠正不良政风，但具体政务非其所擅长。既然儒生和文吏各有优劣，若能集合二者之优点，形成一个既有良好的理政能力，又有高尚的政治情操的官僚集团，对于整个国家的政治文化，岂不具有强大的促进作用？

　　事实上，汉代政治文化的走向，的确是沿着儒生与文吏两群体融合的方向发展的。武帝时曾任丞相的公孙弘，"习文法吏事，而又缘饰以儒术"，成了身兼儒生和文吏两类角色的早期代表之一。西汉成帝时的丞相翟方进，求学期间苦读《春秋》，以明经入仕；其后在升迁的过程中，不断学习、积累行政经验。《汉书》中记载他任丞相时，"持法刻深"，"知能有余，兼通文法吏事，以儒雅缘饰法律，号为通明相"。像翟方进这样以儒生身份入仕，之后兼通儒、法的官员，在两汉时期还有许多。当儒生一旦走上仕途，就必然要在日常政务处理中不断学习兵刑钱谷等与所掌部门直接相关的文法知识；否则，就无法通过考评，便有降职、免职之虞。发展到东汉时，许多儒生不愿皓首穷经、深研经史之学，而是在粗通"一家章句，义理略具"后，抓紧学习法律、公文等行政技能，提前演练官场礼仪，以备早日应召任用。东汉大儒马融、郑玄等还亲自著书，释读朝廷律令，成为学生学习的范本。与此同时，文吏的形象也在转变。西汉大臣黄霸，"少学律令，喜为吏"，在其前半生因行政能力出色而广受好评。与黄霸同时代的大臣路温舒，最初也是学习律令，担任狱史；其后又学习《春秋》，通儒学大义。他曾上书皇帝，要求"尚德缓刑"，完全是儒家化的治国主张。在"尊崇儒术"的社会大背景下，文吏出身的官员若不能掌握一定的儒学知识，其仕途很有可能会严重受限，其社会地位也会深受影响。尤其在儒生兼习文法这一社会现象的压力下，文吏也自觉学习儒学。正如东汉末年王粲在《儒吏论》一文中所说，东汉末年"吏服训雅，儒通文法"，儒生和文吏两个原本互相对立的群体逐渐融合，形成了"以学者（文人）兼为官僚为特征的所谓'士大夫政治'"①。从此之后，中国古代士大夫在政治上身兼"礼治"和"法治"双重任务，在延续传统政治文化、维持政府正常运转两方面，均是封建国家不可或缺的支柱人才。

在中国历史上，正是由于这些既有崇高的道德信仰又有高超的治国能力的士大夫的存在，使得我们中华民族能够顺利度过一个又一个历史的关键时期。在唐代建立的过程中，谋臣猛将不计其数，房玄龄即为其中的佼佼者。房玄龄出身于官宦世家，少年时博览经史典籍，十八岁便被举荐为进士。隋末天下大乱，他投奔李世民，跟随他南征北战，助其延揽人才、起草文书。李世民即位后，房玄龄担负起辅佐太宗治国理政的重任。当时唐代建立还不满十年，外有东突厥、吐蕃等政权侵扰，国内又刚刚经历了十几年的内乱破坏，

① 阎步克：《士大夫政治演生史稿》，北京大学出版社2015年版，第411页。

遍地疮痍。房玄龄认为，要使国家振兴并能持久繁荣，其基础在于建立一套行之有效、足以传之后世的典章制度。

首先，要重建政治文化。隋朝灭亡的一个重要原因，在于由上到下的吏治腐败。房玄龄向唐太宗进言称："臣闻理国要道，在于公平正直，故《尚书》云：'无偏无党，王道荡荡。无党无偏，王道平平。'又孔子称：'举直错诸枉，则民服。'"这一想法与太宗不谋而合。贞观时期制定了一系列监察制度，促进了吏治的清明公正。房玄龄还忠实执行了太宗精简官职的主张，提高了朝廷的办事效率，也减轻了官僚集团对百姓造成的负担。

其次，改革隋朝和唐初严苛的律法，制定新律。秉着宽厚爱民、施行仁政的精神，房玄龄与长孙无忌等人一起对前代法律进行大规模的修订。637年，新法律历经十年打磨，终于颁行，史称《贞观律》。《贞观律》共五百条，分为十二卷，"比隋代旧律，减大辟者九十二条，减流入徒者七十一条。其当徒之法，唯夺一官，除名之人，仍同士伍。凡削烦去蠹，变重为轻者，不可胜纪"，体现了宽仁慎刑、礼刑并用的精神。

最后，制定新的礼仪制度。在房玄龄的主持下，颁布了祭孔、封禅制度。房玄龄与魏征还一起主持编制了《大唐新礼》，对不合时宜的旧礼予以修订，并增添了皇太子入学、天子上陵、农隙讲武等二十九项北周、隋所无的礼仪。

房玄龄辅佐李世民长达三十二年，"亲自主持制定了朝章国典，初创唐朝规模，权重而不专，位望崇隆而谦虚谨慎"[①]。少年时饱读儒家经典，塑造了他崇尚仁政德治的政治风格；几十年的官场历练，又造就了他干练的行政作风和渊博的文法知识。在他的努力下，唐初政治实现了礼治与法治、儒家与法家的平衡，奠定了灿烂盛唐的制度基础。

像房玄龄这样杰出的士大夫代表，在中国古代还有许多，例如诸葛亮、苏绰、高颎、杜如晦、韩愈、范仲淹、欧阳修、王安石、耶律楚材、王守仁等。这一连串光辉灿烂的人物，是民族的英雄，是历史的功臣。但是，为什么在历史长河中，一批又一批杰出的士大夫能不断地脱颖而出呢？其原因或可归于两点：精神的力量和制度的保障。

历览世界古代文明，均有一个"哲学的突破"时期，具体表现为对至高真理的探寻。如古希腊文化中的"理念"，古犹太文化中的"上帝"，古

---

① 白寿彝主编：《中国通史》（第六卷：隋唐时期下册），上海人民出版社1999年版，第1072页。

印度文化中的"梵"。对古代中国人而言，也有一个类似的概念——"道"。"道"最初主要是指"天道"，反映了人们对未知自然、未知命运的敬畏。正如清代学者钱大昕所说："古书言天道者，皆主吉凶祸福而言。"春秋以后，自然的"道"受人文精神的影响，不断向"人道"转移。春秋郑国名臣子产说"天道远，人道迩"，反对以迷信的"天命"干预人间事。孔子对"道"的态度与子产近似，"不语怪力乱神"；同时他还强调"人道"应与"天道"相配，将"天道"指向现实，也就是"仁"。孔子说"士志于道"，也就是呼吁士大夫要追求"仁"这一最高理想。战国时期的孟子又在"仁"的基础上加入"义"的内容，形成了"仁义"的概念。《孟子》书中记载了这样的对话："王子垫问曰：'士何事？'孟子曰：'尚志。'曰：'何谓尚志？'曰：'仁义而已矣。杀一无罪，非仁也；非其有而取之，非义也。居恶在？仁是也；路恶在？义是也。居仁由义，大人之事备矣。'"孟子在此强调了士大夫对于"仁义"理念应有的态度。

孔子、孟子除了在理念上建立起仁义思想之外，还亲身付诸实践。他们的一生就是弘道的一生。孔子周游列国，宣传其仁政思想，其间历经困厄，始终不移其志。孔子说："笃信好学，守死善道。"又说："士志于道，而耻恶衣恶食者，未足与议也。"又说："志士仁人，无求生以害仁，有杀身以成仁。"孔子的弟子曾参也说过："士不可以不弘毅，任重而道远。"为实现"道"，孔子及其门人号召坚定理想、积极作为，不惜牺牲性命。初生的儒家学派，在孔子的影响下已带有如此强烈的理想主义精神。孟子复刻了孔子的人生，一面游说各国，一面教书宏道。他说："天下有道，以道殉身；天下无道，以身殉道。"又说："穷则独善其身，达则兼善天下。"又说："居天下之广居，立天下之正位，行天下之大道。得志，与民由之；不得志，独行其道。富贵不能淫，贫贱不能移，威武不能屈，此之谓大丈夫。"其文笔宏伟雄辩，自有一股身怀真理的"浩然之气"在其中。

由孔子、孟子等人所建立的儒家学说，在汉代以后成为中国社会的主流意识形态。孔孟所提倡的追求仁义之"道"的信念受到士大夫的广泛认同，"格物、致知、诚意、正心、修身、齐家、治国、平天下"成了儒家学子施展其抱负的标准步骤。而由儒家学说发展来的"道统"高于"政统"、学术优于政治的观念，也为士大夫保持独立品格、抗击不良政治提供了思想支撑。东汉末年，宦官专权，政治黑暗。士大夫陈蕃、李膺等人以及太学生因共同的政治理想，合力在朝堂上与宦官集团抗争，激浊扬清，因此遭受报复，史称两次"党锢之祸"。许多人虽身陷囹圄、饱受酷刑，甚至家破人亡，但也未曾动摇其意志，始终为国而忘家，以天下为己任。华裔历史学家余英时先生认为，东汉中后期，由于学问知识上的传承、政治理念上的相近等因素，士大夫逐渐形成"群体自觉之观念"，因此能在政治斗争中汇成一股巨大的力量。他们的抗争虽然失败了，但"其根本精神实上承先秦之士风，下开宋明儒者之襟抱"，在中国文化史上影响深远。①

北宋是中国历史上士大夫参政程度最高的一个时代，其原因一方面在于宋初制定的"重文抑武"的国策，更重要的原因还在于士大夫群体对其秉持的政治理想的奋力实践。北宋士林一时之领袖范仲淹，幼年丧父，家境贫寒，但苦学不辍，其品行也在不断砥砺中越发坚卓。入仕以后，由于年少时备尝底层社会的艰辛，范仲淹经常上书皇帝，要求实行改革、造福民生，并因此几次得

① 余英时：《士与中国文化》，上海人民出版社 2003 年版，第 257 页。

罪权贵阶层、遭到降职处分。但他不改初衷，在答友人的文章中表露自己的心声"宁鸣而死，不默而生"，体现了作为一名士大夫的政治担当。宋仁宗庆历三年（1043），范仲淹终于获得主持改革的机会。这次改革，史称"庆历新政"。范仲淹设计了诸多有利于国计民生的政策，但由于触动了既得利益集团，新政并未能彻底推行，范仲淹本人也再度被降职。正是在这次贬官期间，他写下了千古名篇《岳阳楼记》，其中"居庙堂之高则忧其民，处江湖之远则忧其君""先天下之忧而忧，后天下之乐而乐"这些句子，集中体现了作为一名儒者的忧国忧民之心，并在当时的士大夫群体中引起了强烈回响。士大夫更加主动地参与政事、建言献策，与皇帝共享行政权力。王安石说，对那些"道隆而德骏"的士大夫，即便是南面而坐的皇帝，也应当"北面而问焉，而与之迭为宾主"；文彦博也说过皇帝"为与士大夫治天下"的名言；大儒张载提出读书人的四大使命为"为天地立心，为生民立命，为往圣继绝学，为万世开太平"。这些言论，以及在历史上士大夫的政治作为，都反映出北宋时期士大夫在政治上积极进取、忠君爱民的心态。

士大夫政治在北宋时期达到高峰，其对后世

士人的影响可谓深远。南宋的两位大儒朱熹、陆九渊，虽在哲学思想上互为论敌，但其政治理想则相同，均欲效仿王安石，"得君行道"。明代后期，顾宪成建东林书院，培养士大夫气节，以此改变政治与社会。他为东林书院的题词"风声雨声读书声，声声入耳；家事国事天下事，事事关心"，反映了他"讲学复议政"的办学宗旨。杨涟、左光斗等朝中大臣抱着必死的决心弹劾奸臣魏忠贤。明末清初三大思想家顾炎武、黄宗羲、王夫之，均在 1644 年清军入关后投身反清战争，失败后隐居乡里，拒不出仕，埋首于经史之学。顾炎武"天下兴亡，匹夫有责""君子之为学也，以明道也，以救世也"等修身治学名言、黄宗羲对二千年封建君主专制的严厉批判、王夫之对明朝灭亡历史教训的反思，他们的学说、思想，是儒家的学问，是经世致用的学问，无论其治学内容还是治学精神，对后世均产生了深远影响。

20 世纪国学大师钱穆先生在其名著《国史大纲》中，这样评价宋明士大夫的历史地位："宋明以下之社会，与隋唐以前不同，士族门第消减，社会间日趋平等，而散漫无组织。社会一切公共事业，均须有主持领导之人。若读书人不管社会事，专务应科举，做官，谋身家富贵，则政治社会事业，势必日趋腐败。其所以犹能支撑造成小康之局者，正惟赖此辈讲学之人来做一个中坚。"宋明两朝，既是士大夫参与政治高度发达的时代，又是中国古代学术日臻成熟的时代。这一时代的政治清明、学术发展，均有士大夫卓越的贡献。他们上承春秋战国时期儒者所定之"道统"，下启晚清民国仁人志士救国救民之热情。伟大的革命家孙中山先生就曾说过："中国有一个道统，尧、舜、禹、汤、文、武、周公、孔子相继不绝，我的思想基础，就是这个道统。我的革命，就是继承这个正统思想，来发扬光大！"可见，这种以天下为己任的士大夫精神，历经二千余年而不坠，鼓舞着中国一代又一代的有志之士。

　　除"道统"的传统为士大夫提供精神武器之外，中国古代政治中的选士制度也为其进入政坛给予制度上的保障。春秋战国时代，世卿世禄的贵族政治逐步瓦解，出身底层的士大夫也能凭其学说出入于各诸侯国的朝堂官府。发现并任用人才，成为列国争霸的首要政务。管仲、百里奚出身贫寒，受国君赏识，分别辅佐齐桓公和秦穆公成就霸业。战国时期，商鞅、尉缭、李斯等人皆非秦人，但均被秦国授予高官，大力推动了秦统一的步伐。又如张仪、苏秦在列国间纵横捭阖，战国"四公子"养食客为己效力，均反映了当时各国选拔贤才的情况。但由于当时官僚制度刚刚确立不久，选士制度还未成熟。

西汉时期，建立了中国历史上第一套较为完备的选士制度，名为"察举"，由各地官员探察并举荐民间人才，经政府考定后授予官职。察举可分为两种类型：由皇帝不定期地下诏选拔人才，称"诏举"或"特科"；定期举行考试选拔人才，称"岁举"或"常科"。"特科"仿效先秦君王俯身延揽人才的方法，由皇帝直接下诏求贤，规定人才标准，命各级官员负责推荐。汉高祖曾下诏寻访"贤士大夫"，"其有意称明德者，必身劝为之驾，遣诣相国府"。汉文帝下过两次"举贤良方正能直言极谏者"的诏书，其中发生在公元前165年的第二次征召，由皇帝"亲策之"。汉文帝以"朕之不德，吏之不平，政之不宣，民之不宁"为题目，令应举者"著之于篇，朕亲览焉"。这是中国历史上第一次策试。后来建议景帝削藩的西汉名臣晁错，就是在这次察举中被评为"高第"并升官的。除"贤良方正"和"直言极谏"的人才外，汉朝皇帝还曾下诏延揽"明阴阳灾异者""勇猛知兵法者""明经""明法"等专门人才。尤其在汉武帝采纳董仲舒的"尊崇儒术"建议后，诏举选拔人才越发看重其经学知识。当时社会流行一句谚语："遗子黄金满籯，不如教子一经。"可见修习儒学在汉代已成为平民入仕当官的重要工具。

汉武帝时期，还接受了董仲舒的建议，将原为"特科"的"举孝廉"定为"常科"，命各郡国每年定期向中央推举孝廉一人，成为定期选拔人才制度之始。孝廉即孝子和廉吏。东汉时孝廉制继续发展，开始按各郡人口多少分配孝廉名额，并给予边疆地区额外的名额以示优待。又建立了"儒者试经学，文吏课章奏"的考试制度，以此来复核各地推举上来的孝廉人才。除孝廉外，"秀才"（"茂材"）一科也逐渐从"特科"转为"常科"。它与孝廉的区别在于：举孝廉者多为未出仕者，而举秀才者多在此之前已有官职；举孝廉更重视其德行，而举秀才更重视其才学。①

汉代察举制度，为政府选拔各类人才提供了有力保障，对于社会尚学、尚德风气的形成也有促进作用。许多人才因察举而步入政坛、擢升官职，如晁错、董仲舒、公孙弘、黄霸、萧望之、陈蕃、李膺、皇甫规、曹操、荀彧等人。然而察

----

① 刘海峰、李兵：《中国科举史》，东方出版中心2004年版，第32页。

举制也有很大的缺陷，如权贵对推荐人才的操纵、士人为求推荐而沽名钓誉、士人无法自由报考等。东汉学者王符说："名实不相符，求贡不相称，富者乘其财力，贵者阻其险要，以钱多为贤，以刚强为上。"东汉末年有谚语称："举秀才，不知书。察孝廉，父别居。寒素清白浊如泥，高第良将怯如鸡。"察举制因其制度设计的缺陷，导致大量才学低劣的权贵子弟进入政坛。

魏晋南北朝时期，政治的混乱导致察举制无法正常进行，政府出于加强中央集权的考虑，在察举制之外又设立了九品中正制这一新的选官制度。九品中正制是指由专门的选官官员，即中正官，按照一定标准，将人才划分为从上到下的九个品级。品级每三年重评一次，依据人才的表现予以升降。政府在任用官员时以人才的品级为依据。由于人才的评定权操之于固定的中正官之手，而各地中正官又多由当地大族代表担任，因此更加便利于门阀权贵在其中营私舞弊、上下其手了。时人称"上品无寒门，下品无士族"。只要出身世家大族，即使是毫无品行、才学的膏粱子弟，也能被评为上品，轻松当上高官；而出身贫寒的贤才，要想步入政坛则益发困难。门阀把持政治，导致政治愈加腐败。有识之士为改变困局，推动了新的选士制度的诞生。行之后世一千三百年的科举制度，就在这一社会背景下孕育而生了。

隋朝成立后，对过去的弊政加以改革。隋文帝时废除九品中正制，将官员的选拔权收归中央吏部。其后，隋炀帝创进士科，由此拉开了中国科举时代的序幕。隋进士科与前代的秀才、孝廉，其不同处在于后者只有先经地方政府保举后，才有资格到中央参加策试；而参加进士科的士人在地方自由报考，通过地方一级的策试后，再参加中央举办的策试。唐代建立以后，承袭隋代进士科，科举制度益发完备。唐代科举中的定期考试（"常举"），有秀才、明经、进士、明法、明书、明算六科。后三者主要是为选拔行政技术人才，等级比前三者低；秀才科在唐高宗年间被废止，因此唐代最受欢迎的是明经、进士两科。明经科考查考生对经典的理解，进士科则考查考生作诗赋文章的能力。进士科虽比明经科对考生的要求更高，但在唐代社会崇尚文学的氛围下，考中进士后所获得的政治和社会地位更高，因此更受士人青睐。当时有"三十老明经，五十少进士"的谚语，诗人孟郊在五十岁考中进士后，喜极而写下了"春风得意马蹄疾，一日看尽长安花"的名句，均可反映进士科难度之大。

　　唐代参加常举的考生，分生徒和乡贡两类。生徒主要指国子监等学校的学生，他们参加科举，是由学校依其学业成就高低，推荐到礼部参加"省试"。乡贡指未在国家各级学校学习的学生，他们参加科举所经历的程序要更为复杂。第一步是报名参加考试。考生将自己的家世、履历、相貌、学业所长等基本信息写成文字，交给地方府州审查。审查通过后便可参加当年县一级的考试，即"县试"。通过县试后参加府州一级的考试，即"乡试"。乡试通过者称"贡士"，第一名为"解元"，再到京城参加尚书省举办的"省试"。省试通过者，即获得做官的资格。进士科及第称"进士"，第一名为"状元"。随后再通过吏部的铨选考试，便可被授予官职了。除常举之外，唐代还设有皇帝亲自主持的不定期考试（"制举"或"诏举"），以及招考武官的武举，但在当时并不像常举那样受士人重视。

　　隋唐为科举制的开创期，后世王朝在此基础上不断完善之。宋代对科举制的完善主要在两方面。其一，确立了殿试制度。士子在省试通过后，还要再通过由皇帝亲自主持的"殿试"，才能获得做官资格。这一制度是为了防止主考官和考生之间形成利益关系，将选士权牢牢掌握在皇帝手中。其二，完善考场规则，保障考试公平。宋朝严厉禁止唐代以来大臣向考官推荐考生的做法，又普及了糊名法（将考卷上考生姓名等私人信息用纸糊住）、誊录法（书吏将考生试卷另录副本，使考官阅卷时不能辨认考生字迹）、双重定等法（由两名考官分别独立为考卷定等），同时严惩考生夹带资料、请人代考等违规行为。以上措施，进一步保障了平民阶层通过科举考试入仕为官的权利。宋代科举所录治国人才之盛，堪称历代王朝之最。宋代也是士大夫政治、士大夫情怀最盛的时代，这与科举制度的走向完备有着极大的相关性。

在明、清两代，科举制度的程序在很多方面延续了宋代的规程，并越发周密。但在科举内容上则走向了僵化。宋代曾有关于科举应重视经义还是诗赋的辩论。明清两代政府规定科举考试内容为四书五经，且只能用程朱理学一家的注解；文章必须用八股文的形式。以今天的眼光观之，八股文因其格式明确、文章简短，为考官阅卷提供了更为明确、客观的标准，对科举的公平性有促进作用。另外，考生若想从千篇一律的文章中脱颖而出，必须具有较强的逻辑思维、文字功底和对经书精准的理解能力，这也是明清科举虽已僵化，但仍能选出许多杰出人才的原因。然而，这种考试毕竟过于重视技巧，应试者只能长时间反复训练、研读范文，才有望中举。而这样的训练，对于应试者国家治理能力的提升几乎没有效用。这就使得士大夫的精力、创造力均被大量浪费。况且，八股取士行至清代以后，考官为避免考生押题，只能在经书中遍寻偏题、怪题；考生为吸引考官注意，在遣词造句上标新立异。[①] 这就使得科举考试选拔人才的功能大打折扣。这样的考试，尽管还发挥着"朝为田舍郎，暮登天子堂"、促进官僚阶层更新换代的作用，但它所选出的官员，很难有真正有思想有能力的人才，更多是一些皇权专制统治的驯服工具而已。在此局面下，明代后期王守仁、顾宪成等士大夫开设私学，以扭转日益败坏的士风，唤起士大夫对国家社会的责任心；清代钱大昕、戴震、庄存与、章学诚等人钻研学术，在士大夫阶层中引发了一场学术研究的热潮，形成的"乾嘉学派"无论对近代中国的学术发展还是对社会变革都起到了积极的引导作用。

从汉代的察举制，到唐、宋、明、清的科举

① 刘海峰、李兵：《中国科举史》，东方出版中心 2004 年版，第 402 页。

制，中国选士制度的日趋成熟，为历代王朝源源不断地提供人才，保证了政治的稳定发展。科举初开之时，唐太宗在看到新录取的进士出入官府时，发出"天下英雄入吾彀中矣"的感慨。这算是对中国古代选士成效的最佳注解了。放眼世界，近代号称"日不落帝国"的英国，也仅仅是在19世纪才确立了文官考试制度。无怪乎无论明末清初的来华传教士，还是启蒙时代的启蒙大师，都对中国科举制度的公正、平等予以高度赞扬。

然而，清中期以来，时移世易，科举制的弊端对于士大夫的学识、精神造成了越来越大的戕害与束缚。晚清著名思想家龚自珍写过一首著名的诗："九州生气恃风雷，万马齐喑究可哀。我劝天公重抖擞，不拘一格降人才。"可见，科举中走出的士大夫，已越来越无法满足中华民族走向复兴的时代需要了。因此，越来越多的有识之士，走上了创新体制、重塑士大夫／知识分子群体的道路。

一部分人试图改革旧的科举制度。从龚自珍、包世臣、魏源，到李鸿章、冯桂芬、郑观应，士大夫无论在朝还是在野，均看到了旧的科举制度对中国发展的束缚，均呼吁朝廷对其进行大刀阔斧的改革。然而自大的清政府看不到时代的需要，对改革科举的诉求漠不关心。1870 年，洋务派上奏要求在科举中增加算学一科，以鼓励士人学习西学。但直到 1888 年，清政府才勉强同意开算学科，拖延达十八年之久。1898 年戊戌变法期间，光绪皇帝接受了维新派废八股、改策论的建议，并推动了以选拔经世致用人才的经济特科的运行。然而，戊戌政变后，这些改革措施尽被废除。直到八国联军侵华战争爆发之后，慈禧太后为维持其统治，才不得不搬出戊戌年的改革方案，又一次开启废八股、设经济特科的科举改革。然而时人已认识到，国家的危机、教育的危机、人才的危机，已无法仅靠修补科举制度的外衣得以解决了；唯一的路径，只有彻底废除科举制度，为新式教育铺平道路。1905 年，清廷正式下诏废除科举，宣告了这一运行一千三百年之久的古老制度的终结。

一部分人致力于建立新的公共空间。"处士横议"是中国古代政治文化的传统。士大夫身怀延续"道统"的理念，面对恶政勇于发声。然而清代的文字狱和文化专制，严重打压了士大夫的议政传统。西方社会运行模式不断传入中国，为士人带来了重建士大夫社会的动力。清末民初，中国社会兴起新式报刊（如戊戌时期的《时务报》《国闻报》，民国初年的《新青年》）、新式学校（如京师大学堂、北洋大学堂）、新式出版社（如商务印书馆、中华书局）以及新式学会和政党（如中国科学社、中国同盟会、中国共产党）。这些新式机构组成新的公共空间，新知识、新思想在这里广泛传播，造就了新一代士大夫——中国第一代现代意义上的知识分子。中国的知识分子，一方面带有西方知识分子独立思考的鲜明特征，一方面又残留着古代士大夫以天下为己任的忧国忧民情怀。这一新的社会群体，为中国的现代化注入了强劲的动力。

还有一些人走上了海外留学的道路。西方侵略者的坚船利炮，给中国士大夫注入了一针清醒剂。随着中外交流的深入，他们越发认识到向资本主义国家学习先进的学问与思想的紧迫性。1872—1875 年，在近代留学第一人——容闳的努力下，近代中国第一次由官方派遣学生出国留学。这次留学计划虽因保守势力的阻挠而中途夭折，但仍培养出一批中国现代化运动的建设者。如著名铁路工程师詹天佑即是其中的佼佼者。甲午战争以后，随着民族危机的迅速加深，中国士大夫的留学运动不断提速。一批又一批青年人以公费或自费的方式，漂洋过海，远赴日本、欧洲、美国留学。其中有的人学到了西方最先进的科学知识，回国以建设国家，如美国哈佛大学博士、中国气象学的奠基人竺可桢先生，美国哥伦比亚大学硕士、中国科学教育的奠基人任鸿隽先生等；有的人学到了西方先进的思想，以此来改造中国社会，如美国哥伦比亚大学博士、中国自由主义代表胡适先生，美国哥伦比亚大学博士、现代新儒家的代表冯友兰先生等；还有的人在国外接触到了马克思列宁主义，成长为坚定的共产主义者，如在法国勤工俭学的周恩来、朱德、邓小平等同志，以及曾在日本东京大学学习的中共一大代表李达、李汉俊同志。这些留学生同样成为中国近代知识分子群体的重要组成部分，为中华民族的伟大复兴做出了不朽的贡献。

"风雨如晦，鸡鸣不已。"20世纪以来中国从沉沦走向复兴，离不开知识分子的努力。1921年，中国共产党的成立，由当时中国一批杰出的知识分子发起，如陈独秀、李大钊、毛泽东等人。后来又不断有知识分子加入中国共产党，投身革命的洪流之中。1937年全面抗战爆发后，代表中国最高学府的北京大学、清华大学、南开大学南迁云南，组成西南联合大学。抗战期间，联大师生弦歌不辍，以"刚毅坚卓"的精神，在学术研究、国家建设和人才培养三方面都达到了世界顶尖。1949 年新中国成立后，大批留学海外的知识分子放弃优越的生活条件，突破重重阻挠，回到祖国，为新中国的建设立下了卓越功勋，如钱学森先生、邓稼先先生……一批批杰出的知识分子，撑起了中华民族的脊梁。

从春秋战国时期一直到今天，二千多年里，中国的士大夫——知识分子从未忘却他们所肩负的时代使命。他们的事迹与精神，早已成为中华文化乃至世界文化不可多得的优秀遗产，并将永远为后人所铭记。

第四章　多元一体：民族文化的交融

习近平同志在十九大报告中指出的："促进各民族像石榴籽一样紧紧抱在一起。"这句话有其深厚的历史渊源。著名民族学家费孝通先生提出了"中华民族多元一体"的著名观点，认为在几千年文明历史中，生活在中国这片土地上的各个民族不断交融，逐渐形成了具有"共休戚、共存亡、共荣辱、共命运的感情和道义"的民族认同意识，并"结合成相互依存的、统一而不能分割的整体"，即中华民族。[①] 从民族历史的角度来看，中华文明史，就是一个各民族在合作与碰撞中互相学习、交流，从而逐渐形成了"中华民族"这一共同的民族认同的过程。

过去人们常常认为，中华文明是出于一元的，黄河中下游地区是中华民族的摇篮，正如炎帝、

---

① 费孝通主编：《中华民族多元一体格局》（修订本），中央民族大学出版社1999年版，"代序"，第13页。

黄帝的传说所暗示的。然而随着中国考古学的发展，人们逐渐认识到，早在新石器时代，中国历史便进入了一个多民族、多文化并存的时期。除了中原文化之外，当时的中国大地上，还存在着许许多多不同的文化类型，如"满天星斗"一般，群星璀璨。著名考古学家苏秉琦先生按照地理和文化特征，将这些文化类型划分为六大区域文化，即陕豫晋邻境地区、山东及邻省一部分地区、湖北和邻近地区、长江下游地区、以鄱阳湖—珠江三角洲为中轴的南方地区和以长城地带为重心的北方地区。[①] 中华文明的基本特征，正是在这些各有特色的区域文化内部，以及不同区域文化之间不断交流与融合中逐渐形成的。

以农耕文化的起源为例。农业的出现，被认为是文明出现的基本标志之一。古代中国是世界农业文明的主要起源地之一。随着新中国成立以来考古的不断发现，新石器时代中国农业起源的真相逐渐揭开。古代中国存在以粟、黍种植为主的北方旱作农业，以及以水稻种植为主的南方稻作农业两种类型。这两种农业类型的起源地，又与前述六大区域文化的最初产生有着密切的联

---

① 苏秉琦、殷玮璋：《关于考古学文化的区系类型问题》，《文物》，1981 年第 5 期。

系。在北方，人们发现七千至八千年前，粟黍的种植广泛存在于黄河流域和辽河流域的多个文化遗址。南方水稻种植的起源地，大概有长江中游、长江下游和华南三个地区，距今均在一万年左右。这些地区出现农业生产是相互独立的，证明了中国农业起源的多元性特征。[①] 随着时间的推移，农业生产的区域由各个独立的点逐渐扩展到面；而伴随农业生产产生的新的生产工具、社会组织、精神生活等文化要素的传播，为上文中六大区域文化的形成奠定了基础。在四千年前的奴隶社会早期，中国农耕区已扩展到今天的黑河—腾冲线以东的广大区域，并在黄河中下游地区和淮河流域出现了旱作农业与稻作农业的汇合。在被认为代表了夏朝文化的河南偃师二里头文化遗址中，出土了后世所称的"五谷"颗粒，即粟、黍、稻、麦、豆，以及大量先进的石质、青铜农具。文化交流所带来的多种不同作物的种植、精耕细作的农业技术的初步产生，均加强了中原文化抗击自然灾害的能力，提高了社会生产力。中原文化也因此能够从其他区域文化中脱颖而出，成为夏、商、周三代延续传承的文化核心区。

---

① 王震中：《中国文明起源的比较研究》，中国社会科学出版社 2013 年版，第 23～37 页。

除了农耕的传播外，从现有的考古发现来看，无论是陶器、玉器、青铜器等器物，还是祭祀、丧葬等制度，在新石器时代至青铜时代这漫长的时间里，在各个文化类型间均发生了广泛的互动与融合。中原地区由于其得天独厚的地理优势，汇聚了周边文化的长处，并加入了本族群的文化特色，从而形成了深刻影响中华文明的辉煌的中原文化，即那个时代的标志性文化。这一强势的地域文化又将其影响力扩张至四周广大的区域，使各地民众逐渐形成了统一的文化认同。公元前2000年以后，也就是夏、商王朝时期，二里头文化"在内部高度发展的同时，向四周发射出超越自然地理单元和文化屏障的强力冲击波。在这一过程中，华夏国家完成了由多元向一体的转型，'中国'世界的雏形得以形成"①。

认识中国古代民族和文化，首先要理解一对极重要的概念，即"中国"与"天下"。"中国"一词在历史上出现得很早，但它的含义与今天差异很大。1963年，一件西周初年铸造的名为"何尊"的青铜器出土于陕西宝鸡。在其内壁的铭文里，镌刻着"余其宅兹中国，自之乂民"一句。

---

① 许宏：《最早的中国》，科学出版社2009年版，第216页。

这是目前已知的"中国"概念最早出现的记录。这里的"中国"，是一个地域概念，指的是以周代东都洛邑为中心的中原地区。《尚书·梓材》中记载"皇天既付中国民越厥疆土于先王"，"中国"一词的含义与上文相同。《诗经·大雅》称"惠此中国，以绥四方"，这里的"中国"指以周代西都镐京为中心的关中地区。综合可见，在"中国"一词最早出现的西周时期，其含义主要是指周代统治的核心区域，即黄河中游地区的关中、河洛一带。

先秦时期的"中国"更有一层文化含义。《左传》中有一句话："中国不振旅，蛮夷入而莫之或恤，无吊者也夫。"这里的"中国"便是指与"蛮夷"相对的文化与种族。春秋战国时期是华夏族形成的关键时期。在当时民族大迁徙、大融合的时代背景下，周代的各分封国，一方面抵御外民族的冲击，稳固夏商周三代以来民族和文化融合的成果；另一方面积极以各种方式与外民族交流，将其融入华夏民族之中。过去被称为东夷、西戎、南蛮、北狄，分散在中原四周的各个外民族，在这一时期与华夏族有效地融合，扩大了华夏族的民族内涵，也扩大了"中国"一词的文化内涵。正是在这种民族融合的历史大趋势下，西汉大儒董仲舒提出"进于夷狄则夷狄之，进于中国则中国之"这一灵活的"中国"认识，为"中国"概念的不断变动提供了理论依据。由于"中国"一词的双重意涵，秦代以后，"中国"一方面指代由中央王朝直接统治的全部地区；另一方面，也有以文化和种族判断某地是否属于"中国"的意见存在。

与"中国"相对的概念是"天下"。《诗经·小雅》有云："溥天之下，莫非王土。""天下"在地理上的区域比"中国"要大得多。古人的"天下"观，更多是一种中央王朝的统治模式："天下"由三个大小不一的同心圆组成。最内、最小的圆代表本民族居住的地域，即"中国"，由政府直接统治；中间的圆代表边疆少数民族地区，政府通过羁縻、土司等制度施以间接统治；最外的圆代表与中央王朝保持朝贡关系的朝贡国。而朝贡国之外为"化外之地"，不属于"天下"的范围。依照儒家的设想，在"天下"以内，儒家的政治思想和伦理道德是"普世价值"。因此，"天下"也被赋予了地理和文化的双重意义，同"中国"概念相似。明清之际大儒顾炎武有"亡国亡天下"的著名观点，令其揪心的"亡天下"即失去了"天下"中应有的儒学文化理念。

在中国历史上，由于国力的强弱、民族融合的程度以及民族政策的变化，"天下"的各个层次在地理区域上始终处于变动之中。正如著名历史学家许倬云先生所说，在古代中国的天下体系中，"没有绝对的'他者'，只有相对的'我人'"[①]。但其总的趋势，是向着民族不断融合、华夏文化影响力不断提高、中央政府对边疆地区的管辖不断加强的方向演进的。

周代是中国古代民族政策的奠基时期。周以"小邦"击败"大邑商"，并建立起广阔而稳定的统治，离不开其成功的民族政策。周初封邦建国，将宗室、功臣等分封到各地。周民族本是小族，分往各地后力量更加分散，面临着当地各土著民族的严重挑战。为巩固统治，周王室制定了一系列开明的民族政策。对于被征服者的殷商遗民，统治者采取怀柔政策。周公封武王之弟康叔于卫，当地为商朝统治的核心区，殷商旧族势力很大。周公告诫康叔"启以商政，疆以周索"，即在施政时不能全盘革除商代制度，这样会导致商人的不满；而要结合商代与周代制度，因地制宜，循序渐进地将周代政治文化贯彻到商民族中去。对

---

① 许倬云：《我者与他者：中国历史上的内外分际》，生活·读书·新知三联书店 2010 年版，第 20 页。

于居于边疆的少数民族，周初各分封国同样"从其俗"，尊重当地民族的风俗习惯，推动了周民族与少数民族的融合。如封于山西的晋国和封于山东的齐国，都以这种开明的民族政策，成功地将当地的戎族和夷族凝结到周朝体制之内，推动了民族的融合和中原文化的传播。另外，周朝统治者还通过联姻的方式，加强周贵族与各少数民族政权统治者的血缘关系，如与东夷、西戎等民族的通婚，通过建立血缘关系维持边疆地区的稳定。上述"因俗而治"和联姻通婚两种民族政策，广为后世历代王朝所沿用。

汉代在北方长城一线以及西南、东南等少数民族居住区设置"边郡"。"边郡"是秦汉实行郡县制的产物，由于"边郡"境内有少数民族成部落地居住，又因地处边境而有较大军事压力，因此其制度与内地郡县有所不同。据《史记》记载："汉连兵三岁，诛羌，灭南越，番禺以西至蜀南者置初郡十七，且以其故俗治，毋赋税。"汉武帝时扩张领土，在新平定的地方设置"初郡"即"边郡"。设置之初，尊重当地民族风俗，免除当地赋税。东汉光武帝时，东北乌桓族臣服于汉。光武帝除封赏其首领、允许族人在边郡居住外，还特意迁内地农民于边郡，供给乌桓人衣食。边郡还设置了护乌桓校尉一职，管理当地的乌桓事务。西南的哀牢人愿意归附东汉，东汉政府在其住地设置永昌郡，任命官员，向哀牢人征收较少的赋税。同时，封哀牢首领为官，并保留其原有的部落组织，给予其一定的自治权。在汉代许多边郡中，我们都能发现各民族和睦相处的景象。

魏晋南北朝时期，各民族间冲突不断，但其中也有"因俗而治"、和平共存的情况。例如，蜀汉政权的诸葛亮通过"七擒七纵"南中首领孟获，争取到少数民族的人心，从而平定了南中的叛乱。治理南中时，他信任当地少数民族首领，命他们继续管理本族事务；同时将汉族先进的制度、技术、文化传播到当地，提高了当地的生产力水平。北魏政权对境内其他少数民族，采取"修其教不改其俗，齐其政不易其宜"的开明政策。在东晋南朝时期，政府对于南方的蛮族、俚族等少数民族，多以封官的方式笼络各族首领，对其族人的剥削也较轻。

唐朝是民族大融合的时期。唐太宗宣称："自古皆贵中华，贱夷狄，朕独爱之如一。"这种平等的民族观念成为唐朝以羁縻、怀柔为主的民族政策的思想基础。唐朝初年开始在少数民族聚居区设立羁縻府、州。当地少数民族首领经中央正式任命，担任都督、刺史、县令等行政官员，自行管理内部事务。行政职位可以世袭。羁縻府、州内，少数民族的风俗照旧；当地的少数民族居民也无须上报户籍、缴纳赋税。有唐一代，在其境内广泛设置羁縻单位，达近千个之多。涉及的少数民族，包括奚族、契丹、靺鞨、突厥、党项、吐谷浑、南诏等，地理上广布于今天中国的东北、西北和西南地区。广泛设立的羁縻府州，显示着唐朝宏大、开放的民族政策，成为中国古代多民族交融的制度典范。这一制度也为宋、辽、金等朝所继承。

元朝时期，推行行省制度，加强了中央集权。唐朝广泛设置羁縻府州的东北、西南、西北等地，均设行省，如岭北、辽阳、云南、四川、甘肃等。这意味着中央对边疆地区的统治与内地一视同仁。但元朝也未完全取消"因俗而治"的传统，在云南、贵州、广西、四川等地开始实行土司制度。在实行土司制度的地区，由当地少数民族首领担任各级官职。但与唐代羁縻制度不同的是，土司制度对少数民族官员，即"土官"实施更加严格的管理。土官职位虽仍能世袭，但必须得到中央的任命。朝廷也会根据土官的实际政绩，予以升迁或惩处。土官还有朝贡的义务。根据朝廷礼制，在特定的时间前往京师，向皇上献上当地土特产。中央对进贡的土司土官给予优厚的赏赐。对于实行土司制度的地区，政府还要统计户口、征收赋税、征发兵役。可见，土司制度虽仍保留了大量土官的任职，对当地风俗也持以尊重的态度，但中央政府对当地的控制越发严密，在许多方面几乎与内地无异。明、清两代继续沿用土司制度，但开始进行"改土归流"，即不再任命土官，改由中央政府派任流官。尤其在清雍正年间，改土归流政策在西南地区大力推行，土官的数量和势力大为减少。

以上是"因俗而治"的民族政策在秦汉以后的发展。至于联姻政策，在后世也非常普遍。西汉建立之初，国力衰弱。面对北方匈奴的巨大威胁，汉高祖接受大臣娄敬的建议，将公主嫁给匈奴单于。从此直到汉武帝与匈奴开战之前，和亲政策成为汉、匈两国维持和平的纽带。西汉后期，匈奴内部陷于内讧，呼韩邪单于势力衰微，向汉称臣。公元前33年，呼韩邪第三次入汉朝见，并迎娶宫女王昭君为妻。昭君出塞后，为汉与匈奴间的和平做出了卓越贡献。东汉史学家班固在《汉书》中记载道："是时边城晏闭，牛马布野，三世无犬吠之警，黎庶亡干戈之役。"唐王朝与周边各民族政权进行广泛的联姻，包括回纥、契丹、奚族、吐谷浑、吐蕃等。其中文成、金城二公主远嫁吐蕃国，成为中国境内各民族和睦、交融的典范。元、清两代作为少数民族入主中原建立的王朝，十分重视通过联姻的方式，同其他少数民族首领保持友好的关系，以巩固其对内地的统治。清代满、蒙两族的联姻，贯穿清代始终，组成了牢固的政治同盟。

中国古代各民族之间的关系以和平相处为主流，但有时也会因矛盾的难以调和而爆发战争。民族间的战争客观上也促进了民族与文化的交融。汉代与匈奴长期作战，其中南匈奴归入汉地。十六国时期南匈奴建立了若干割据政权，与其他少数民族政权和汉民族政权交战。经过长期的汉化，匈奴在南北朝后期逐渐融入汉民族之中。魏晋南北朝时期，大量少数民族进入中原地区，在为当地百姓带来战争灾难的同时，也在战争中与各民族不断融合。宋朝先后与辽、金南北对峙，汉民族发达的文化和科技以战争为媒介，传播到契丹和女真民族。满清入关之后，在其建立起对全中国的统治过程中，不断吸收汉族文化。以至于在今天的中国，已经很难从日常的生活习惯上区分满族与汉族了。

　　历史上的多种因素共同推动着中国境内各民族向着互相理解、互相交流的方向前进。各民族也在不断地交往和融合中逐渐形成了牢不可破的中华民族认同。

　　内地与新疆地区各民族的交往，成为文化交融的典范。

　　内地与新疆的联系，早在史前时代便已经开始了。但两地之间大规模往来，还是随着西汉时期陆上丝绸之路的开辟而展开的。汉武帝时，张骞身怀联合西域各国共击匈奴的军事使命，出使西域，历经万险，时隔十三年，终于为汉王朝带回了西域的见闻。公元前60年，西汉设置西域都护府，第一次将西域纳入中原王朝的疆域之内。其后的中国历史上，中原王朝对新疆地区的政治军事控制，虽因国力的衰弱而发生过中断，但两地之间的经济、文化交流却从未中断，并且越发紧密。在经济方面，西域商旅除了与中原王朝进行贸易往来，还充当中国与西亚、欧洲交易的中转站，保障陆上丝路的畅通无阻。大量内地商人携带价值连城的丝绸、瓷器、茶叶等中原货物来到西域。今天在新疆出土的大量内地货币，如汉代五铢钱、唐代开元通宝等，均证明了当时贸易的繁盛。而西域商贾带来的毛织品、玉器、香料等商品，也深受内地欢迎。西汉以后，大量的农作物由新疆传入内地，像葡萄、石榴、西瓜、核桃、黄瓜、苜蓿、胡萝卜、胡椒、菠菜、棉花等，直到今天仍是我国重要的农作物。而内地的桃、杏、梨等水果，桑树、漆树等经济作物，也通过河西走廊传入了新疆，改变了新疆人民的生活。新疆与内地由于其地理条件不同，物产也有很大差异，且都为两地人民日常衣食生活所需。因此，两地之间的经贸活动具有极大的互补性。二千多年的贸易历史，证明新疆与内地的经济交流是彼此相依、互利互惠的。

汉代以后中原、新疆之间的文化交流也有极丰富的成果。从总体上看，内地的汉民族文化发展水平要高于新疆各少数民族，中原文化对新疆文化的发展起到了重要作用。据《汉书》记载，公元前65年，西域龟兹国王来到长安朝贺，"王及夫人皆赐印绶。夫人号称公主，赐以车骑旗鼓，歌吹数十人，绮绣杂缯琦珍凡数千万。留且一年，厚赠送之。后数来朝贺，乐汉衣服制度，归其国，治宫室，作徼道周卫，出入传呼，撞钟鼓，如汉家仪"。可见汉家礼仪制度对西域各国的巨大影响。随着儒家思想的向西传播，西域社会也深受影响。南北朝隋唐时期，高昌国宫室内挂"鲁哀公问政于孔子"画像，百姓诵读《诗经》《论语》《孝经》等儒家经典。通过考古发掘，最近在新疆吐鲁番还出土了南北朝时期高昌国文人使用的《论语》《孝经》等书的残片。11世纪新疆著名少数民族诗人优素甫·哈斯·哈吉甫撰写了《福乐智慧》一书，作者在序言中说："此书极为尊贵，它以秦地（指辽朝）哲士的箴言和摩秦（指宋朝）学者的诗篇装饰而成。"这些历史事实均反映了儒家文化对新疆社会的濡染。另一方面，富有新疆特色的民族文化，也使得内地文化更加丰富多彩。唐朝政府鼓励各族文化交流，外来的佛教、伊斯兰教、祆教、景教、摩尼教等宗教均通过西域传至内地，深刻影响到语言、哲学、文学、建筑和艺术等中国文化的各方面。少数民族的服饰、饮食、音乐也改变着内地的生活习惯。据称，在唐玄宗时期，"太常乐尚胡曲，贵人御馔，尽供胡食，士女皆竟衣胡服"。唐代中央政府确定的"十部乐"，除《清平》《礼乐》两部为中国本土音乐，但也沾染了外族之风，其余八部均来自外域。其中《龟兹》《高昌》《疏勒》等西域音乐在其时尤为流行。像唐初宫廷演奏的《秦王破阵乐》，其中便夹杂着龟兹乐的色彩。来自西域的胡旋舞等舞蹈形式，在唐代社会上下均受青睐，据说唐玄宗、杨贵妃也非常喜爱。唐代多民族融合中形成的"盛唐气象"，时至今日仍为人所传颂。

钱穆先生曾总结中国古代文化发展的最大特色，是汉文化的持久传承和多民族文化的不断融合。他说："中国民族常在不断吸收、不断融合，和不断的扩大与更新中。但同时他的主干大流，永远存在，而且极明显地存在，并不为它继续不断地所容纳的新流所吞灭或冲散。我们可以说，中国民族是禀有坚强的持续性，而同时又具有伟大的同化力的。"[1] 对于新疆各民族而言，他们的民族文化历经几千年与内地的不断交流，汇入了中华文化的巨川大河之中，从而获得了永不消逝的生命力。对于西南的藏族和东北的满族而言，他们的民族文化同样是中华文化的瑰宝；在与汉文化的交流中，同样为中华文化的传承与演进起到了不可估量的巨大作用。

唐太宗时，吐蕃国赞普松赞干布迎娶文成公主。唐朝与吐蕃通过联姻和会盟等方式，保障了两地之间文化交流的长盛不衰。在文成公主、金城公主的促进下，唐朝人为藏区带去了大量的汉

---

[1]　钱穆：《中国文化史导论》，商务印书馆1994年版，第23页。

民族先进文化，尤其是先进科学技术的流传，直接促进了藏区生产力的发展。例如，养蚕、酿酒、造纸、制墨等生产技术，以及先进的耕种、灌溉技术，均由内地传入。汉族的历法、医药知识也逐渐为藏族人所用。文成公主入藏时带去的中医药方，被藏区医生所吸收，并编成《医学大典》一书。这是目前可见的藏医学最早的一部医书，为藏医学奠定了基础。汉文化的传播，让越来越多的藏族人歆慕中原文化。在生活习俗方面，有的人开始"释毡裘，袭纨绮，渐慕华风"，饮茶之风也逐渐在当地流行。在宗教信仰方面，由内地传入的佛教在藏区社会影响越来越大，信徒广多。有的藏族人开始主动学习汉语，阅读儒家经典。与此同时，中原地区也深受藏族文化的影响。唐宋两朝，均通过茶马古道，从青藏地区获得了大量优质马匹，为中原王朝的国防建设起到巨大的作用。元朝以后，藏传佛教不断向内地传播。元世祖忽必烈封高僧八思巴为"帝师"，为藏传佛教的传播打开了便利之门。明、清两朝对藏传佛教也很推崇，尤其是清朝皇族对其有很深的信仰。清朝皇帝多次会见达赖、班禅及进京高僧，并听其讲经论法。清政府为藏传佛教修建了大量喇嘛寺，如北京著名的西黄寺、北海白塔、雍和宫。承德避暑山庄，其建筑风格也深受西藏寺庙的影响。汉藏之间的文化交流，从多层次、多方面拓宽了中华文化的内涵。

明朝中后期，发源于白山黑水之间的满族女真人，受汉族文化的滋养而壮大。关内的耕种技术、佛教文化以及《三国演义》《水浒传》等白话小说的传入，使满族人的物质、精神生活得到飞速发展。清早期的皇太极、福临、玄烨三位统治者，均制定了许多有利政策，提倡对汉文化的吸收，如建立汉军八旗、限制萨满教以及落后习俗、尊孔崇儒等。满汉之间虽然在明末清初有过严重的民族矛盾，但在清朝皇帝较为开明的民族政策影响下，冲突得以缓和。清军入关之后，由于接触到了越来越多优秀的汉文化，大量满族人迅速地汉化。对于汉文化中儒家思想、政治制度、语言文字、小说、戏曲、建筑、饮食等各方面，满族均大量吸纳并加以发展。在北京，听戏、泡茶馆、提笼架鸟，逐渐成了满族上下共同的兴趣爱好。满族人的饮食，深受汉族美食影响。著名的满汉全席，就是融合了满族和汉族两种饮食文化而成。满族妇女的服饰也渐染汉风。嘉庆年间一位满族诗人有这样的诗句："双袖阔来过一尺，非旗非汉是谁家？"可见满族女性的服饰对汉文化的吸纳。

汉文化影响到了清代满族人生活的方方面面。而一批醉心汉文化的满族贵族，以其辉煌的文艺创作，推动了中华文化的发展。康熙朝重臣明珠之子纳兰性德，自幼学习汉家经典，在文、史、书法、绘画、佛学、音乐等各方面都有广博的兴趣，俨然与汉族士大夫无异。他尤其擅长填词，与陈维崧、朱彝尊两位汉族士大夫并称"清词三大家"。"人生若只如初见，何事秋风悲画扇？""山一程，水一程。身向榆关那畔行，夜深千帐灯。"这些词句均可称中国文学史上的佳作。近代著名学者王国维先生在其名著《人间词话》中，也极推崇其创作，称他"以自然之眼观物，以自然之舌言情，此初入中原，未染汉人风气，故能真切如此，北宋以来，一人而已"。

《红楼梦》是中国古代文学的巅峰之作，在今日已成为中华文化的标志之一。其作者曹雪芹，正是清代满汉融合背景下诞生的才子。曹雪芹的先祖是汉人，但后来归入属于八旗"上三旗"的正白旗，后又被编入专管皇族事宜的内务府。曹家虽为汉人出身，但他们已被满人视为自己的家族成员。康熙年间，曹家深受恩宠；但在雍正帝即位后，几遭打击，家道因此一蹶不振。曹雪芹出生在家族由盛转衰的转折期，在年少时接受了良好的教育，但很快便因贫困跌落到社会的下层。生活状况的急转直下，促使他深切地反思人生和社会，并具体体现在他以其家族历史为背景所撰写的《红楼梦》一书中。《红楼梦》是一部中国古代社会的百科全书。书中有关社会习俗大量的细腻描写，让后人能够再现清代满汉民俗碰撞、融合的历史原貌。全书以贾府的盛衰荣辱为主线，融入了曹雪芹本人对满族统治阶层内部争权夺利、兴衰无常的思考，深刻反映了清王朝盛世之下的统治危机。可以说，如果没有曹雪芹身兼满汉两种文化于一身的人生背景，《红楼梦》一书的艺术价值不会达到现有的高度。《红楼梦》正是清代满汉文化融合下结出的最灿烂的明珠。

中国境内各民族漫长而持久的交流往来，塑造了中华文化的基本内容与精神，凝聚了各族人民对中华民族这一命运共同体的高度认同。随着疆域的不断扩大和民族间交流的不断加深，在清代，"天下一家"的观念不断冲击着狭隘的"夷夏之防"。近代以后，随着西方列强侵略所导致的民族危机的不断加深，随着西方"民族"概念的传入，中国才最终形成了具有完整近代意义的"中华民族"概念。

"中华民族"一词的"发明权"，当属于近代著名思想家梁启超先生。他在 1902 年 4 月刊出的《中国学术思想变迁之大势》一文中，谈到春秋战国时期齐国思想特点时称："上古时代，我中华民族之有海思想者厥惟齐。故于其间产出两种观念焉：一曰国家观，二曰世界观。"第二年，梁启超接受德国学者伯伦知理的民族观念，将语言、文字、风俗作为判定一个民族的最重要的因素，并因此提出："吾中国言民族主义者，当于小民族主义之外，更提倡大民族主义。小民族主义者何？汉族对于国内他族是也。大民族主义者何？合国内本部属部之诸族以对于国外之诸族是也。"梁启超此时有感于革命党人提出的"驱除鞑虏，恢复中华"的革命口号，认为这样的"种族革命"会损害到同样生长在中华大地上、充分学习吸收汉族文化的普通满族百姓。因此，他试图以一种"大民族主义"的"中华民族"观念，包容全体国人于其中，以使革命的矛头不会针对某一特定的民族，防止民族间内战的发生。

与此同时，矢志于推翻满清政府统治的革命派人士，也逐渐修正了极端的"排满革命"主张。武昌起义爆发后，起义领导人正式提出汉、满、蒙、回、藏"五族共和"的施政方案。在 1912

年元旦颁布的《中华民国临时大总统宣言书》中，孙中山先生向国民公告："国家之本，在于人民。合汉、满、蒙、回、藏诸地为一国，即合汉、满、蒙、回、藏诸族为一人——是曰民族之统一。"合五大民族及其他境内民族为一"中华民族"，人人平等，同为"中华民国"之国民，成为"中华民国"成立之初社会思想的新气象。1912年由商务印书馆出版的《共和国教科书新历史》一书中，明确说明："我中华民族本部多汉人，苗瑶各土司杂居其间。西北各地，则为满蒙回藏诸民族所居，同在一国之中，休戚相通，谊属兄弟。"民国初年还在学校中流行过一首《美哉中华》的歌曲，其歌词中有这样的文字："美哉美哉，中华民族，气质清明，性情勤朴。前有古人，文明开幕，后有来者，共和造福。如涌源泉，如升朝旭。美哉美哉，中华民族！"随着新式教育的不断普及，蕴含着民族平等、荣辱与共的民族思想的"中华民族"观念，经辛亥革命的激励，迅速散播到全社会。

民国虽已建立，但列强的侵略，尤其是针对我国边疆民族的分裂阴谋始终未绝。在抗敌御侮、反抗帝国主义的过程中，社会各阶层的人民益发亲身地感受到中华民族团结一致、外御其侮的必要性和紧迫感。"中华民族"的观念，也益发地流行于社会之中。1919年，时年二十六岁的毛泽东同志，在其《民众的大联合》一文中称："他日中华民族的改革，将较任何民族为彻底。中华民族的社会，将较任何民族为光明。中华民族的大联合，将较任何地域任何民族而先告成功。"1923年，孙中山先生将"中华民族"写入改组后国民党的《宣言》中，称："吾党所持民族主义，消极地为除去民族间之不平等，积极地为团结国内各民族，完成一大中华民族。"民族团结、平等，共同为中华民族的解放而奋斗，无论对于中国共产党还是孙中山先生领导的国民党而言，都是矢志不渝的革命追求。

1931年的九一八事变标志着十四年抗战的开始。日本侵略者以灭亡我中华民族为目标，激起了全国各民族爱国者的同仇敌忾。各少数民族纷纷组织抗日团体，发表抗日宣言。著名宗教界人士、回族人达浦生，在访问埃及时这样表达对中华民族的热爱、对日本侵略者的仇恨："我整个中华民族上下一致，同心同德，众志成城，共赴国难，咸存玉碎之心，不为瓦全之念。日本虽强，亦不能占我片土，制我民心。中国的回教徒也如非回教徒一样热爱祖国，抗御暴敌，不愿为日人之奴隶。或直接持戈参战，或努力于后方工作，携手一致反对日本帝国主义。"与此同时，广播的传播、教育的普及、报刊的宣传，都使抗战中的国人不断接受"中华民族"的观念，在潜移默化中形成了中华民族团结抗战的思想意识。例如，《义勇军进行曲》《黄河大合唱》等流行于其时的爱国歌曲，便在歌词中倾诉了对中华民族的炽热情感、对中华民族危机与希望并存的感叹。著名历史学家顾颉刚先生写下了《中华民族是一个》的名文。他有感于日本侵略者打着"民族自决"的口号，蓄意制造满、藏、回等民族独立的阴谋，从而强调"凡是中国人都是中华民族——在中华民族之内我们绝不该再析出什么民族"，"我们对内没有什么民族之分，对外只有一个中华民族"！顾颉刚的文章，强调中国各民族间的共性——都属于中华民族不可或缺的一部分，但忽视了各民族有其独特的民族起源和各异的民族文化，即忽视了中华文化起于多元的历史事实。但不可否认，"中华民族是一个"的口号，反映了顾颉刚的拳拳爱国、爱中华民族之心，对于抗战时期"中华民族"观念在全国各族人民中的普及有着积极意义。

"天翻地覆慨而慷。"经历了百余年艰苦卓绝的探索，1949 年，中华民族在中国共产党的领导下，终于摆脱了帝国主义、封建主义和官僚资本主义的重重压迫，走上了独立自主的社会主义道路。中华民族的伟大复兴，从此开启了新的篇章。对于民族问题，中国共产党一直以来予以高度重视。在 1954 年的新宪法中，明确地规定："中华人民共和国是统一的多民族国家。各民族一律平等……各少数民族聚居的地方实行区域自治。各民族自治地方都是中华人民共和国不可分离的部分。"新中国成立七十年来，中国境内各民族更加紧密地团结在一起，凝结成了牢不可破、伟大的中华民族。而作为各民族智慧结晶的民族文化，共同组成了绚丽多彩、多元一体的中华民族文化，亦必将持久地为世界文明发展做出贡献。

第五章　民心所向：历史发展的动力

　　历史唯物主义告诉我们，人民群众是历史发展进步的根本动力。这是因为，人类历史首先是物质资料生产的历史。随着生产力的不断提高，人类社会也随之发展。人民群众不但是物质财富的创造者，同时也是精神财富的创造者。当上层建筑无法适应生产力的发展时，就需要依靠人民群众来推动社会变革，推翻旧的上层建筑，使生产力得到解放。回顾人类历史上的重大发展、变革，都离不开人民力量的推动。因此习近平同志在党的十九大报告中这样强调："人民是历史的创造者，是决定党和国家前途命运的根本力量"，"依靠人民创造历史伟业"。在中华民族伟大复兴的关键时刻，更离不开人民群众对这项伟大事业的支持。

　　在中国古代，便曾出现过关于人民群众的朴素的唯物论认识。《尚书》中有这样一句话："民惟邦本，本固邦宁。"这样的"民本"思想，成为后世儒家政治思想的中坚。孔子说："民以君为心，君以民为体。"孟子说："民为贵，社稷次之，君为轻。"荀子说："天之生民，非为君也；天之立君，以为民也。"后世历史上杰出的政治家，在治国理政中对于这一道理都有切身的体悟。例如，唐太宗曾说过："为君之道，必须先存百姓，若损百姓以奉其身，犹割股以啖腹，腹饱而身毙。"又说："舟所以比人君，水所以比黎庶，水能载舟，亦能覆舟。"君主治国应以改善百姓生活为第一要务，而不能剥削百姓以满足自己的物欲；如果君主压迫过甚，百姓就将起来颠覆王朝的统治。正因这种民本思想的指导，唐太宗实施一系列轻徭薄赋的利民政策，同时崇尚节俭，严选廉吏，缓解了社会矛盾，促进了生产力发展。在其治下，出现了历史上少有的盛世——贞观之治。

今天的人们喜欢称颂历史上的伟大人物。然而，英雄人物所创造的时代，依然要同人民群众的需求和意愿相结合、相统一。秦始皇统一六国，除了依仗秦国强大的军事实力外，战国后期人民对统一的渴望起着决定性作用。战国时思想家口中的"大一统"观念，如孟子所说"天下恶乎

定？定于一"、荀子所说"四海之内若一家"等，
既反映了他们的政治智慧，又体现了百姓的呼声。
经历了春秋、战国时期近五百年"争地以战，杀
人盈野"的残酷战争后，人民心里普遍向往和平
与统一。各国争斗，不仅带来了人民生命的大量
损失，还不利于各地间经济、文化的交流，并造
成"以邻为壑"的洪水灾害和对北方游牧民族侵
扰的疏忽，这些都对生产力破坏极大。秦国在统
一战争中，在各地推广当时较为先进的官僚政治
模式，减轻了贵族对百姓的剥削，同时鼓励农业
生产，从而赢得了大批农民的支持。正因如此，
秦国才能摧枯拉朽般地灭掉六国，建立起中国历
史上第一个统一的王朝。

同时我们也看到，秦朝在顺应民心、建立起
强大的帝国后，又因为其政策不当，迅速地丧
失了人民的支持，从而导致其速亡。经过长期
的战争之后，人心思定，希望能过上安定和平的
生活，恢复和发展生产。然而秦始皇并没有体恤
民意，而是为了满足其无止境的权力欲和虚荣
心，残暴地剥削民众。据史料记载，当时为了修
筑长城、阿房宫以及秦始皇陵，共征发劳动力达
上百万之众。再加上其他的徭役，每年动员的民
夫达三百万之多，甚至超过当时全国人口的七分

之一。秦始皇还重用残暴的官吏，在民间横征暴敛，以维持他在宫殿以及巡游四方时骄奢淫逸的生活。秦朝的暴政，激起了人民的强烈反抗。公元前209年，即秦完成统一战争刚刚过去十二年，陈胜、吴广率众揭竿而起，拉开了秦末农民战争的序幕。仅用了短短三年时间，各路起义军便杀入咸阳，推翻了暴秦的统治。西汉学者贾谊在《过秦论》中反思秦亡的历史教训，说："一夫作难而七庙隳，身死人手，为天下笑者，何也？仁义不施而攻守之势异也。"不顺应民意的暴政，必然会导致人民的背离与愤怒。

我们还可以汉武帝时期国家政策的变化为例。武帝即位之初，经过汉初六十年的休养生息，国家实力大增。《史记》中有一段描述此时社会财富的文字："都鄙廪庾皆满，而府库余货财。京师之钱累巨万，贯朽而不可校；太仓之粟陈陈相因，充溢露积于外，至腐败不可食。"然而，当时社会上的皇亲国戚、大地主、大商人势力膨胀，不利于国家统一；在北方边境，匈奴势力不断扩大，严重威胁着王朝的安危。武帝即位后，将国策变无为为有为，积极地着手解决上述问题。他将政治、财政权力收归于中央，打击不法地主豪强，削弱诸侯王势力。同时，积极对外用兵，沉重打击了北方匈奴势力，控制了西域各国，并加强了对西南、东南地区的统治。这些政策，都是具有历史进步性的。然而，长年的战争，以及包括武帝本人在内的统治阶级长期以来的奢靡生活，迅速耗光了文景之治积累下来的社会财富，并导致了越发尖锐的社会矛盾。武帝后期，农民起义不断，西汉王朝的统治岌岌可危，几乎重蹈亡秦之覆辙。为减轻社会危机，和缓阶级矛盾，重获百姓支持，武帝晚年毅然改变国策，下《轮台罪己诏》，称："朕即位以来，所为狂悖，使天下愁苦，不可追悔。自今事有伤害百姓，靡费天下者，悉罢之。"其后即位的昭帝、宣帝，延续并发展了武帝罪己之后的政策，轻徭薄赋，整顿吏治，厉行节俭，从而使汉朝国力重新振兴。

尽管中国历代王朝有不少开明的皇帝致力于解决社会矛盾问题，但由于封建土地所有制的存在，作为统治阶级的剥削属性并未得到消除。这种剥削阶级的劣根性或快或慢地滋长，必然导致阶级矛盾的不断激化。因此，每逢王朝末年，我们总能看到大量农民因丧失土地而起义造反的事件发生。东汉末年有一首民谣："发如韭，剪复生；头如鸡，割复鸣。吏不必可畏，小民从来不可轻。"极能反映农民阶级的不屈性格。旧的王朝因受农民起义的打击而走向覆灭，新的王朝又在战争对阶级矛盾的缓和中诞生。我们可以看到人民对政权是否支持，对新旧王朝的更替起到了决定性的作用。

中国历史在"其兴也勃焉""其亡也忽焉"的历史周期率下行进了二千多年，终于在步入 20 世纪以后，中国共产党第一次科学地认识到了人民群众在社会发展中所起到的决定性作用。马克思、恩格斯教导说："历史活动是群众的事业，随着历史活动的深入，必将是群众队伍的扩大。"毛泽东在《论联合政府》这篇雄文中也发出了这样的宣告："人民，只有人民，才是创造世界历史的动力。"历史的创造者，不是英雄人物，而是人民群众。这是马克思列宁主义带给中国人的真理。

从 1921 年到 1949 年，中共党员人数虽从不到一百人增长到四百五十万人之众，但与庞大的中国人口基数相比，仍仅占不到百分之一的比重。那么，一个看似如此"弱小"的政党，如何领导中国人民取得革命胜利呢？ 1944 年在接受英国记者斯坦因采访时，毛泽东回顾党在过去的奋斗经验，称："我们的党员在中国人口中当然只占很小的一部分，只有当这一小部分人反映大多数人的意见，并为他们的利益而工作时，党和人民之间的关系才是健康的。"历史证明了毛泽东的论点。自其成立伊始，中国共产党便与人民群众走到了一起，始终将群众路线视为党生存发展的生命线。

当中国知识分子在五四运动前后最早接受马克思主义时，更加看重工人阶级的力量。中共一大通过纲领，规定党的任务是宣传和组织工人运动，发动工人起来革命。但当时的中国社会，工人阶级数量较少，分布也不广泛。中共很快意识到要实现革命胜利，仅依靠几百万工人阶级的力量是远远不够的，不唤醒占人口绝大多数的农民的力量，是绝不可能完成的。1922年的中共二大上，与会代表制定了更切合实际的斗争策略——到群众中去。文件指出："中国三万万的农民，乃是革命中的最大要素"，"如果贫苦农民要除去穷困和痛苦的环境，那就非起来革命不可。而且那大量的贫苦农民能和工人握手革命，那时可以保证中国革命的成功"。中共二大明确指出："我们既然是为无产阶级群众奋斗的政党，我们便要到'群众中去'"，"党的一切运动都必须深入到广大的群众里面去"。必须建立"民主的联合战线"，联合各地的工会、农民团体、商人团体、学生会等新团体，扩大党的群众基础。

随着时局的发展，中共的工作重心逐渐转移到农村。将农民组织起来，领导农民进行武装革命，成为中国革命成败的关键。毛泽东是中国共产党内最早深入农村、发动农民运动的领导人之一。他在第一次国共合作期间，在湖南、广东等地组织农会，并担任广东农民运动讲习所所长，培训农运干部。在这一时期，毛泽东写作了《中国社会各阶级的分析》《国民革命与农民运动》《湖南农民运动考察报告》等文章，初步总结了中国农民运动的基本经验。他指出，"农民问题乃国民革命的中心问题"，"若无农民从乡村中奋起打倒宗法封建的地主阶级之特权，则军阀与帝国主义势力总不会根本倒塌"。

大革命失败后，党的力量遭受了严重损失。1927年10月，毛泽东率军来到井冈山，发动当地民众，建立了井冈山革命根据地，从此开辟了"农村包围城市，武装夺取政权"的革命道路。在革命根据地建设的过程中，毛泽东极为强调党、军队与人民群众之间的血肉联系。他为部队制定了"三大纪律、六项注意"。三大纪律为行动听指挥、不拿工人农民一点东西、打土豪要归公，六项注意为上门板、捆铺草、说话和气、买卖公

平、借东西要还、损坏东西要赔。在其后的革命
斗争中，依据形势的需要，又在"六项注意"基
础上增加了洗澡避女人和不搜俘虏腰包两条，从
而形成了"三大纪律、八项注意"这一沿用至今
的军队纪律的最初版本。

要大规模发动农民，必须解决农民最关心的
土地问题。毛泽东领导发动了土地革命，先后
制定了《井冈山土地法》《兴国土地法》等法律
文件，没收地主的土地分给农民群众。当农民的
土地问题解决后，这一阶级所迸发出的力量是惊
人的，他们对于给予自己土地的政权的支持也是
惊人的。农民的精神面貌显著改观，不再受地主
阶级交租、还债的压迫，"好像解下了一种枷锁，
个个都喜形于色"，从而提高了生产的积极性，
根据地生产力也得以提升。为保卫已分到的土地，
农民积极加入红军、赤卫队、少先队、儿童团等
中国共产党领导的军事组织，英勇抗击国民党的
围剿和地方豪强武装的袭击。许多原先目不识丁
的农民子弟，接受了革命理论的教育，成长为优
秀的党员干部。过去被束缚在家庭中的农村妇女，
也通过土地革命提高了自身的社会地位，热烈参
加到各项革命工作中来。可以说，没有毛泽东发
动的土地革命运动，农村的红色政权就不可能稳

固，"星星之火，可以燎原"的良好的革命形势就不可能实现。

也是在这一时期，毛泽东的群众路线思想渐趋成熟。1929年年底，毛泽东在其起草的古田会议决议案中指出："红军的打仗，不是单纯地为了打仗而打仗的，而是为了宣传群众、组织群众、武装群众，并帮助群众建设革命政权才去打仗的。离了对群众的宣传、组织、武装和建设革命政权等目标，就是失去了打仗的意义，也就是失去了红军存在的意义。"古田会议进一步强调了军队与群众的密切联系，宣布"一切工作在党的讨论和决议后，再经过群众路线去执行"。在1930年写作的《反对本本主义》一文中，毛泽东提出"没有调查，就没有发言权"，并将实事求是地调查研究作为深入群众、实行群众路线的基础："共产党的正确而不动摇的斗争策略，绝不是少数人坐在房子里能够产生的，它是要在群众的斗争过程中才能产生的，这就是说要在实际经验中才能产生。因此，我们需要时时了解社会情况，时时进行实际调查。"革命的真理通过调查研究，此为"从群众中来"，又通过实际的革命实践再"到群众中去"。群众路线的基本方法通过这篇文章初步形成。

然而，在土地革命战争时期，党内"左"倾错误思想占据上风。马克思主义革命理论被教条化，不能结合实际地指导中国革命。在国民党的军事压力下，红军被迫长征，最终落脚于陕北。全面抗战爆发后，毛泽东一方面领导八路军抗日作战，一方面加紧理论建设，纠正党内错误思想。延安时期，毛泽东写作了大量经典的理论文章，如《论新阶段》《中国革命与中国共产党》《新民主主义论》《反对党八股》等，将马克思列宁主义灵活地运用到中国革命的实际情况上来，实现了马克思主义中国化的巨大进步；同时通过整风运动，统一党内思想。正是在这一时期，群众路线思想真正成熟，并在革命实践中发挥着越来越大的作用。

毛泽东在 1943 年写作的《关于领导方法的若干问题》，第一次从马克思主义认识论的角度阐释群众路线思想的实质。毛泽东说："在我党的一切实际工作中，凡属正确的领导，必须是从群众中来，到群众中去。"坚持"从群众中来"，正是坚持唯物主义的认识路线，以保证革命工作能够"一切从实际出发"，而不犯脱离实际的主观主义错误。但是"从群众中来"，不是简单地直观反映，而是要能动地进行科学的抽象，要运用马克思主义的基本原理和各种科学知识，将"分散的、无系统的"群众意见，"经过研究，化为集中的、系统的意见"。也就是说，把群众意见化为领导的正确意见，是一个辩证的认识过程。"集中起来"的领导意见，可以更深刻地反映客观实际，因而也就能够更有效地对实际运动发挥指导作用。但是，认识过程并没有完成，领导的意见还需要回到实践中去，通过"宣传解释，化为群众的意见，使群众坚持下去，见之于行动，并在群众行动中考验这些意见是否正确"，从而使其得到修正、充实、提高。因此，群众路线，是领导思想通过"无限循环，一次比一次地更正确、更生动、更丰富"的过程，是能动地认识世界和改造世界相统一的过程。1945 年在《论联合政府》一文中，毛泽东将理论联系实际、密切联系群众、自我批评作为党的三大优良作风正式提出。同年召开的党的七大会议上，刘少奇进一步发展了毛泽东的群众路线思想，将群众路线提升为中国共产党的"根本的政治路线"和"根本的组织路线"这一高度，并总结了群众路线的基本内容：一切为了人民群众，一切向人民群众负责，相信群众自己解放自己和向人民群众学习。全面抗战时期，群众路线思想不论是从理论深度上，还是从党内地位上，都较前一时期有了很大的提升。正是坚持在实践中践行群众路线，保证了中国共产党领导全国人民取得了新民主主义革命的最终胜利。

抗日战争胜利时，中国共产党领导的各根据地虽有了很大发展，人民军队的数量也达到了一百二十余万人，但与当时的国民党政权相比仍有极大的劣势。国民党军队总兵力达四百三十万，有多个美式装备部队，并有解放军所无的海军、空军兵种。然而自全面内战爆发，短短三年时间，解放军便彻底击垮了国民党军队，将国民党政权逐往台湾。这一场天翻地覆的巨变，来得如此突然，但又在情理之中。获胜的关键，在其始终以全体中华民族的根本利益为目标，灵活地运用群众路线思想。解放战争实质就是中国共产党不断争取民心，国民党不断丧失民心的过程。

抗战后期，国共两党各自提出了战后中国建设的方案。中国共产党鉴于当时国民党统治区一党独裁、腐败横行、民不聊生的恶劣社会局面，适时提出了组建联合政府的主张。1944年9月，中共代表林伯渠在国民参政会上提出："希望国民党立即结束一党统治的局面，由国民政府召集各党、各派、各抗日部队、各地方政府、各人民团体的代表，开国事会议，组织各抗日党派联合政府。"这一主张的提出，迅速引起了在大后方饱受专制之苦的民主党派和学校师生的共鸣。民盟迅速发表政治主张，对中共联合政府的提议表示支持。然而蒋介石决不愿放弃到手的权力。在他的指挥下，国民政府一面继续宣传"一个党，一个主义，一个领袖"的独裁口号，一面与中共谈判，假意邀请中共"参加"政府，并要求中共交出军权。毛泽东对此有精当的评价："党治不动，请几个客，限制我军。"抗战结束后，经过国共重庆谈判和政治协商会议等多次谈判，终于在1946年1月31日达成政协协议。协议中规定改组国民党一党政府，进一步开放政权，并修改宪法草案，实行责任内阁制。这些协议内容反映了人民群众反对内战、要求民主的强大呼声，"激起了亿万善良的中国人对于实现全国的和平、民主、团结、统一的热烈期望"，"成了国民党统治区很多人衡量是非的重要尺度：谁能坚持政协路线，谁就得人心；谁要破坏政协路线，谁就不得人心，就把自己置于同广大人民群众对立的地位。"[1]

　　然而国民党并没有把握住这样一个挽回人心

---

　　① 胡绳主编，中共中央党史研究室著：《中国共产党的七十年》，中共党史出版社1991年版，第191页。

的机会，而是在政协会议闭幕后，迅速开始了破坏协议、发动内战的行动。1946 年 3 月，国民党召开六届二中全会，推翻了政协规定的宪法草案修改原则，再次强化了国民党独裁统治。在政府改组谈判中，拒绝中共染指任何实权部门，拒绝给予中共和民盟足够多的国民政府委员名额。从 2 月到 7 月，接连制造较场口血案、下关惨案、李闻惨案等事件，打击倾向中共的中间党派，压制要求民主、停止内战的声音。除政治部署之外，在军事方面，还利用美国飞机、军舰，将国民党军队源源不断地运往华北、华东、东北、华南等地，并不断向中共在东北的军队发动进攻。1946 年 6 月，在完成备战准备后，国民党军队向鄂、豫边界的中原解放区发动全面进攻，标志着国共全面内战的爆发。

国民党的步步进逼，不仅受到中国共产党的强烈抵制，也引发了全社会普遍的反感。1946 年 5 月，著名民主人士马叙伦发表《内战还不停止吗？》一文，文中这样描述当时中国的危机情况——"在饥民遍地、人民厌战情绪高涨到了极度，而政治腐败和人民对政府的不信任到了极度，经济方面自己下了封锁，无法寻觅出路，社会的总崩溃不过时间问题"，警告国民党停止发动内战的步伐。当年年底，国民政府强行召开国民大会，通过了符合国民党意愿的宪法。根据 1947 年初《大公报》的调查，六百人中只有一百二十四人赞成新宪法，三百八十一人反对，反对的理由为"是中国分裂的因素"，"是违反政治协商会议的"。5 月，《大公报》又对由国民党一手操办的改组后的国民政府进行民意调查，一千人中有一半人为其打零分，在满分为一百分的条件下，平均分数不到二十四分。可见，国民党发动内战、实施独裁统治是何等的丧失人心。

抗战结束后国民党将其主要精力放在发动内战的准备上，忽视政府内部作风的整顿，放任特权阶层横行不法，导致民间怨念不断积压。抗战胜利后，饱受敌人压迫的原沦陷区人民，在国民党接收过程中，不但没有受到同胞的体恤，反而经历了一轮又一轮的剥削。国民政府之中对此都有不满的声音："敌伪事业，先经军事机关接收，复经地方机关接收，又经主管机关接收，接收一次，损失一次，至于不肖官吏军警勾结地痞流氓，明抢暗盗，所在多有，损失更所不赀。"政府接收官员如饿虎扑食一般，将原本属于全体国人的日伪资产，转化为他们的私人财产。"接收"变"劫收"，就连蒋介石也看不过去，发电文警告下属官员："各地军政官员，穷奢极侈，狂嫖滥赌，并借党团军政机关名义，占住人民高楼大厦，设立办事处，招摇勒索，无所不为，而以沪、平为甚。"然而，专制政府中，官员权力得不到约束，贪腐行为又如何能禁绝。更何况蒋介石本人就是特权集团的最大保护者。当时一位知名学者张东荪这样评价蒋介石的反腐："蒋主席的皇皇布告，虽然说杀无赦，而始终没有掉下一个头来。在公共场所百分之九十五谈起来没有不感喟的。"时人将接收官员贪婪丑恶的行为讥讽为"五子登科"，即房子、条子（指金条）、票子、车子、婊子；当时还流行一句民谣："想中央，盼中央，中央来了更遭殃。"国民党在领导抗战过程中积攒下的一点好名声，被战后的贪腐迅速地挥霍一空。

在与人民生活水平直接相关的经济、社会建设领域，国民政府也毫无建树。随着内战的进行，军费不断攀升，导致政府赤字猛增。据统计，财政赤字从 1946 年的四点七万亿法币，增至 1947 年的二十七万亿；到了 1948 年上半年，又高速攀升至二百六十万亿。为弥补巨额财政赤字，国民政府大量发行纸币。从 1945 年 12 月到 1948 年 8 月，法币发行量从一万亿元增至六百万亿元。由此带来了严重的通货膨胀，从 1948 年

1月至8月，上海米价从每石一百五十万元攀升至五千八百三十三万元。法币已接近于崩溃。1948年下半年，国民政府实施货币改革，发行金圆券，取代法币。但这一场改革很快因大官僚大资产阶级的囤积居奇、滥谋私利而破产。金圆券迅速贬值，形同废纸。百姓的财产遭到又一次洗劫。国家经济和人民生活趋于崩溃。

另外，对待中国的四亿农民，国民党没有履行三民主义中的承诺，实现"耕者有其田"。抗战胜利后，国民党政府曾颁布过数道改革土地制度的法令，但均未触及封建土地所有制度。这些温和的改革，也因地主阶级和地方官僚的抵制而未能推行贯彻。1945年10月，国民党政府宣布减免田赋，实行二五减租，即减轻佃农百分之二十五的田租。次年4月，颁布了《土地法》，规定私有土地最高限额，超出部分由政府从地主手中购买并分给少地、无地农民。这些土地改革方案，无一例外地失败了。其根本原因在于，国民党的统治基础，建立在地主阶级的支持之上。因此，一切损害地主阶级利益的土改方案都绝不可能成功实行。

与国民党的政策相对立，中国共产党在解放战争时期实施了一系列利于百姓生活的政策，从而有效地把握了人心，获得了中国最广大人民群众的支持。毛泽东在抗战时期写作的《论持久战》中说："战争的伟力之最深厚的根源，存在于民众之中。"中国共产党认识到争取人民群众的支持对革命战争胜利的关键作用。解放战争时期，毛泽东指出群众路线的核心，即在于解决农民阶级对土地的需求。他在这一时期说："国民党比我们有许多长处，但有一大弱点即不能解决土地问题。""解决土地问题，是一个最根本的问题，是一切工作的基本环节，全党必须认识这一点。"1946 年 5 月，中共以发布"五四指示"的方式，正式改变抗战时期地主减租减息、农民交租交息的土地政策，致力于实现耕者有其田的目标。次年，《中国土地法大纲》公布施行。这是一个彻底反封建的土地革命纲领，明确宣布"废除封建性及半封建性剥削的土地制度"，将农村一切土地平均分配给全体农民。美国学者韩丁在 1948 年的解放区亲身经历了中共土改过程，并以此为经历写作了《翻身——中国一个村庄的革命纪实》一书。书中这样描述土改对农村的影响："对于中国几亿无地和少地的农民来说，这意味着站起来，打破地主的枷锁，获得土地、牲畜、农具和房屋。但它的意义远不止于此，它还意味着破除迷信，学习科学；意味着扫除文盲，读书识字；意味着不再把妇女视为男人的财产，而建立男女平等关系；意味着废除委派村吏，代之以选举产生的乡村政权机构。总之，它意味着进入一个新世界。"可以说，中国共产党在解放战争时期的土地改革，从经济、文化、社会、政治等各方面，彻底改变了二千多年以来的农村面貌，使农村和农民走进了一个"新世界"。

土地制度的根本性改变，不仅使得受到束缚的农村面貌得到根本改变，农民对中共的支持力度也大幅提升了。"经过土改运动，到1948年秋，在一亿人口的解放区消灭了封建的生产关系。广大农民在政治和经济上翻身以后，政治觉悟和组织程度空前提高。在'参军保田'的口号下，大批青壮年农民潮水般涌入人民军队。"①毛泽东在解放初期的文章《不要四面出击》中说："我们的解放战争，主要就是靠这一亿六千万人民打胜的。有了土地改革这个胜利，才有了打倒蒋介石的胜利。"这是历史事实。据统计，在三大战役期间，大量人民踊跃支援前线，共动员民工八百八十余万人次，大小车辆一百四十一万辆，

---

① 胡绳主编，中共中央党史研究室著：《中国共产党的七十年》，中共党史出版社1991年版，第209页。

担架三十六万副，牲畜二百六十余万头，粮食四点二五亿公斤。这与国民党在战争中得不到百姓支持的情况形成鲜明的对比。淮海战役中被俘的国民党将军杨伯涛，记录了他被押解路上的所见所闻："路上我们经过一些市集，我从前也打这些地方经过，茅屋土舍，依稀可辨，只是那时门户紧闭，死寂无人。而这时不仅家家有人，户户炊烟……还看见一辆辆大车从面前经过，有的车上装载着宰好刮净的肥猪，想是犒劳解放军的，我以前带着部队经过这些地方时，连一撮猪毛都没看见，现在怎么有了，真是怪事。""通过村庄看见解放军和老百姓住在一起，像一家人那样亲切……18军的最后败灭，非战之罪，应归咎于脱离人民群众，进而敌视人民群众，在人民群众的大海里淹没了。"不仅淮海战役中国民党军队的失败如此，整个解放战争时期国民党在军事上的失败，其根本原因都在于它与人民群众的离心离德。

除了成功的农村政策外，中国共产党在占领城市后，也实施了一系列行之有效的城市建设措施，发展了城市的工业和工商业，稳定了金融秩序，保障了城市居民的利益。从城市到农村，国民党在与中国共产党的民心争夺战中全盘皆输。

在1949年春天，国民党统治大厦将倾之际，银行家陈光甫在其日记中说："今日之争非仅国民党与共产党之争，实在可说是一个社会革命。共产党的政策是穷人翻身，土地改革，努力生产，清算少数分子……所以有号召，所以有今天的成就。反观国民党执政二十多年，没有替农民做一点事，也无裨于工商业。"国民党政府因无法为人民群众谋利益，被人民群众所抛弃实属历史的必然。

抗日战争时期，毛泽东曾为"政治"下过一个通俗的定义："政治就是把拥护我们的人搞得多多的，把反对我们的人搞得少少的。"七十多年以后，习近平同志再一次强调"民心是最大的政治"。民心向背永远是关系到一个政权生死存亡的最核心要素。鉴古知今，执政者能不慎哉！